창세기 1-11장에 대한 존슨의 간결한 탐구는 성경적이면서 이해하기 쉽고 흥미를 불러일으키며 통찰력이 있다. 독자는 창세기를 접하면서 그 본문이 우리를 이끄는 길에서 과연 인간이 된다는 것이 무슨 의미인지, 오늘날 하나님의 세상에서 산다는 것이 무엇을 의미하는지를 생각하게 될 것이다. 성(性)과 기술, 권력과 죄, 죽음과 생명에 대한 유의미한 탐구를 담고 있기에 나는 이 책을 반복하여 자주 읽을 것이다. 이 책을 강력히 추천한다!

― 히스 A. 토머스, 오클라호마 침례대학교 총장, 구약학 교수

창세기 1-11장은 만물이나 인류의 기원을 과학적으로 풀어 주는 열쇠가 아니다. 오히려 기독교 신학의 주춧돌과 같다고 말하는 것이 옳다. 또한 창조의 원리와 목적과 방향을 제시해 주는 이정표와 같다. 하나님에 대해, 인간에 대해, 자연 세계에 대해 기본적인 사고의 틀을 놓아 주는 장들이기 때문이다. 저자는 창세기 1-11장의 해설을 통해 현시대에 적실성 있는 성경적 세계관을 도출해 내어, 실제적으로 적용 가능한 가르침을 제공한다. 교회의 독서 모임에서 교재로 사용하면 좋을 것이다.

― 류호준, 백석대학교 신학대학원 구약학 은퇴교수

창세기 1-11장은 구약의 태고사로, 그 내용보다는 내용이 담고 있는 많은 신학적, 문학적, 과학적, 윤리적, 생태적 문제들로 인해 해석이 쉽지 않고 학자들마다 의견이 분분한 부분이다. 이 책은 이런 문제를 잘 인식하고 창세기 1-11장에서 성(性)과 결혼, 생태, 과학, 윤리적 주제 등 다양한 문제에 대해 이야기하며 토론할 수 있도록 돕는다. 교회 내 성경 공부 모임에서 많이 활용되었으면 좋겠다.

― 박유미, 안양대학교 구약학 겸임교수

간결하면서도 깊은 성경 해석과 묵상 제언으로 정평이 난, 이레서원의 〈일상을 변화시키는 말씀〉 시리즈에서 반가운 새 식구를 들였다. 신학과 철학, 과학을 자유롭게 넘나드는 드루 존슨의 창세기 해석은 독자에게 친숙한 책인 창세기를 경이롭고 궁금한, 그리고 매혹적인 책으로 재발견하게 하는 기쁨을 선사한다.

― 유선명, 백석대학교 구약학 교수

Copyright © 2018 by Dru Johnson
Originally published in English under the title
The Universal Story: Genesis 1-11
by Lexham Press, 1313 Commercial St., Bellingham, WA 98225, U.S.A.
All rights reserved.

Translated and used by permission of Lexham Press.

This Korean Edition Copyright © 2020 by Jireh Publishing Company,
Goyang-si, Gyeonggi-do, Republic of Korea.

이 한국어판 저작권은 Lexham Press와 독점 계약한 이레서원에 있습니다.
신저작권법에 의하여 한국 내에서 보호받는 저작물이므로 무단 전재와 무단 복제를 금합니다.

우주의 시작: 창세기 1-11장

The Universal Story: Genesis 1-11

우주의 시작: 창세기 1-11장
The Universal Story: Genesis 1-11

드루 존슨 지음
이여진 옮김

초판 1쇄 인쇄   2020년 5월 1일
초판 1쇄 발행   2020년 5월 7일

발행처   도서출판 이레서원
발행인   문영이
출판신고   2005년 9월 13일 제2015-000099호

편집장   이혜성
편집   송혜숙, 오수현
영업   김정태
총무   곽현자

경기도 고양시 일산동구 중앙로 1160 오원플라자 801호
Tel. 02)402-3238, 406-3273 / Fax. 02)401-3387
E-mail: Jireh@changjisa.com
Website: Jireh.kr / Facebook: facebook.com/jirehpub

책값은 표지에 있습니다.

ISBN 978-89-7435-531-9 04230
ISBN 978-89-7435-500-5 04230 (세트)

신저작권법에 의해 한국 내에서 보호받는 저작물이므로 저작권자의 서면 허락 없이 이 책의 어떠한 부분이라도 전자적인 혹은 기계적인 형태나 방법을 포함해서 그 어떤 형태로든 무단 전재하거나 무단 복제하는 것을 금합니다.

이 도서의 국립중앙도서관 출판예정도서목록(CIP)은 서지정보유통지원시스템 홈페이지(http://seoji.nl.go.kr)와 국가자료공동목록시스템(http://www.nl.go.kr/kolisnet)에서 이용하실 수 있습니다. (CIP 제어번호: CIP2020013541)

09 일상을 변화시키는 말씀

우주의 시작
: 창세기 1-11장

The Universal Story
Genesis 1–11

드루 존슨 지음
크레이그 바르톨로뮤, 데이비드 벨드먼 시리즈 편집
이여진 옮김

"하나님이 자기 형상 곧 하나님의 형상대로
사람을 창조하시되 남자와 여자를 창조하시고
하나님이 그들에게 복을 주시며
하나님이 그들에게 이르시되
생육하고 번성하여 땅에 충만하라, 땅을 정복하라,
바다의 물고기와 하늘의 새와 땅에 움직이는
모든 생물을 다스리라 하시니라"

(창 1:27-28)

- **일러두기**
  본서에서 인용한 성경 본문은 대부분 저자의 개인 번역을 우리말로 옮긴 것입니다. 개역개정이라고 표시한 본문 외에는 모두 저자의 번역입니다.

목차

- **1장** 서론 • 9
- **2장** 창세기 1-11장과 성경의 나머지 부분 • 17
- **3장** 우주의 내력(1:1-2:4) • 27
- **4장** 인간은 항상 관계 가운데 있다(2장) • 51
- **5장** 인간이 신뢰의 대상을 바꾸다(3-4장) • 69
- **6장** 하나님이 공개적으로 세상에 관여하시다(5-9장) • 97
- **7장** 이름과 나라들(10-11장) • 120
- **8장** 과학 세계에서의 창세기 1-11장 • 135
- **9장** 윤리학 세계에서의 창세기 1-11장 • 148

결론 • 164

추천 도서 • 166

1장

서론

나는 학기마다 구약 개론을 가르친다. 이러한 관례 덕분에 나는 대학 신입생들이 가진 성경관에 대해 통찰력이 생겼다. 창세기 1-11장을 읽을 때면 나는 학생들에게 바빌로니아/수메르 창조 기사인 "에누마 엘리쉬"(*Enuma Elish*)도 읽도록 해서 그 둘을 비교하게 한다. 이스라엘의 창조 기사는 고대 비옥한 초승달 지대에서 시작하는데, 그 지역에는 내용이 상충하는 창조 이야기들이 많이 있다. 학생들은 바빌로니아 창조 기사를 읽고 종종 당혹스러워한다. 그 내용이 참으로 기이하다는 점이 눈에 들어오기 때문이다. 그 이야기에서는 무슨 일이 일어나고 있는지, 등장인물이 도대체 신인지 인간인지 자연의 힘인지 다 불분명하다. 창세기 1-3장을 함께 읽은 후에 나는 학생들에게 이렇게 질문한다.

"창세기가 그 이야기와 똑같이 기이해 보이지 않는 이유는 무엇일까요?" 그러면 거의 늘 이런 식으로 답이 나온다. "그냥 창세기는 낯설지가 않거든요." 창세기는 정말로 우리에게 익숙하다. 창세기가 고대 근동의 다른 창조 기사들과 아주 달라 보이는 데도 불구하고, 다양한 문화와 여러 시대 사람들에게 대대로 여운을 남기는 이유를 우리는 반드시 생각해 보아야 한다.

창세기 1-11장은 그 범위가 특이하다. 창세기 시작 부분에 잇달아 등장하는 인류 이야기에는 아주 흥미로운 주제이자 우리가 오늘날에도 고민하는 우주의 시작, 인간의 본질, 가족, 성(性), 속임, 죽음, 살해, 집단 학살, 생태학, 농업, 도시화를 포함한 갖가지 주제가 얽혀 있다. 이스라엘의 초기 역사를 폭넓게 기술하면서 세상의 모든 주제를 다 다루는 것처럼 보인다. 이 초기 역사는 인류 이야기인 동시에, 성 프란시스(Saint Francis)가 언젠가 말했듯이 "우리 왕이신 하나님의 모든 피조물"에 대한 이야기다.[1] 이 이야기가 천문학자, 곤충학자, 지도 제작자, 역사가, 사회 복지사

---

1 "우리 왕이신 하나님의 모든 피조물"(all creatures of our God and King)이라는 표현은 아시시의 성(聖) 프란시스가 썼다고 전해진다. 성 프란시스가 1225년에 지은 "Cantico di fratre sole"(형제 태양을 위한 노래)를 윌리엄 드레이퍼(William Draper)가 영어 찬송으로 풀어서 번역하면서 "우리 왕이신 하나님의 모든 피조물"이라는 제목을 붙였으며, 1919년에 출간한 사립학교 성가집에 처음 수록되었다. (역주- 우리나라 찬송가에는 "온 천하 만물 우러러"라는 제목으로 번역·수록되었다.)

의 이야기인 까닭은 장소와 역사, 인간의 모든 노력의 내력을 탐구하기 때문이다. 만물이 어떻게 해서 히브리인들이 알던 방식으로, 또 오늘날 우리가 아는 방식으로 존재하게 되었는지에 대한 내용이므로, 창세기 1-11장은 **이야기 중의 이야기**다. 다시 말해, 이 세상의 삶과 현실에 대한 모든 이야기가 이 이스라엘 성경의 초기 역사에 들어 있다. 그래서 창세기 1-11장은 우주에서 이루어지는 온갖 현상에 어느 정도 의미심장한 방식으로 말을 건다. 여기에는 진화론과 성(性)과 같은 사안까지도 포함된다(본서의 8장과 9장 참고).

이스라엘 이야기는 왜 이렇게 시작되는가? 창세기 1-11장 본문은 고대와 현대의 대체적인 기준으로 보면 기이하다. 이를테면 창세기는 창조에 대해서는 딱 두 장만 할애하지만(1-2장), 세족장에는 속하지도 않는 요셉에 대해서는 열 세장이나 할애한다(37, 39-50장). 그것 말고도 창조 기사는 빛, 땅, 물, 하늘에 초점을 맞춘 다음에야 공중과 별과 달에 대해 말한다. 어마어마한 동물들이 "생육하라 … 그 종류대로"(1:22, 24)라는 수수께끼 같은 명령에 따라 땅에 가득해졌다. 그러고 나서 이스라엘의 초기 역사는 인간의 기원 기사에서 시작해서 생명, 선(善), 가족, 일부다처제 등과 관련한 의문을 제기한다. 에덴동산 이후로는 근친상간(4:17)과 일부다처제(4:23)에 대한 의문보다는 질투라는 주제가 우리의 흥미를 조금은 더 자극하는데, 이 질투는 살해로 이어지고 (4:8), 살해는 추방과 방랑으로 이어진다(4:14). 그리고 우리에게는 명확하게 알려지지 않은 범죄 때문에 창조주 하나님이 인류를 거의 다 멸하신다(6:5, 11). 노아라는 의인 한 명이 선택되어서 홍수 사건에서 재탄생한 인류를 대표하지만, 우리는 노아 자손이 바벨 도성에서 하나님을 공공연히 무시하는 최악의 사태만 볼 뿐이다. 이 모든 이야기가 줄거리를 연결하는 계보와 뒤얽힌다.

현대 독자로서 우리는 창세기 본문이 빅뱅 우주론, 자연 도태, 유전학 등을 분명하게 설명하거나 증명하거나 반박해 주기를 바란다. 그리고 창세기가 그 일을 단도직입적이며 객관적인 역사 보고서 성격으로 처리해 주기를 바란다. 그러나 그러기는커녕 창세기 이야기들은 고도로 정형화되어 있어서 레이저처럼 몇몇 사건과 사람에게만 초점을 맞춘 채 이스라엘과 세상 이야기를 들려주려고 한다. 지난 한두 세기 동안 우리는 특이한 방식으로 기록된 '명백한 역사적 사실'을 역사라고 생각하게 되었지만, 독자가 그러한 내용을 이 창세기 본문에서 찾으려고 살핀다면 실망할 수도 있다.

창세기를 두둔하기 위해서 무슨 말을 할 수 있을까? 오늘날에도 「뉴욕 타임스」 기사에서부터 화장실 벽에 낙서된 연애시(戀愛詩)에 이르기까지 무슨 글이든지 글마다 글쓴이의 목적에 따라 어떤 틀에 담겨 있다. 성경 저자들이 수백만 가지에 달하는 세부 사항과 이야기들을 본문에 집어넣을 수도 있었지만, **이** 세부 사항들과 **이** 이야기들을 선택해서 우주의 **이야기를 우리에게** 들려주려고 했다는 점을 우리는 고려해야 한다. 따라서 하나님은 바로 이러한 이야기들을 통해서 우리에게 말씀하시지, 우리가 하나님이 말씀하셨기를 바라는 이야기들을 통해 말씀하시지는 않았으므로 우리는 성경 저자들의 지혜를 인정해야 한다.

창세기 자체의 용어로 창세기 1-11장을 이해하면 성경 전체를 읽을 때 상당히 유익하다. 이스라엘의 이러한 초기 역사에서 매우 의도적으로 배치한 내용을 인식하면, 그 내용이 출애굽, 이스라엘 왕들, 바빌론 유수, 사복음서, 초대 교회를 비롯해서 성경의 나머지 역사에 어떠한 영향을 미치는지도 인식할 수 있다. 이 기이하면서도 아주 오래된 이야기는 하나님 이야기와 아울러 이 땅과 인류를 향한 그분의 계획의 틀을 만든다. 이 이야기를 나와 함께 탐구해 보자. 바로 **이** 이야기들을 통해서 하나님이 우리에게 말씀하시며 간절히 부탁하신다. 창세기 1-11장에서 하나님의 음성을 제대로 귀 기울여 듣는 법을 배워서 성경의 나머지 부분에서도 그분의 음성을 더 잘 들을 수 있도록 노력하자.

창세기 1-11장 개요

I. 창조의 내력: 6일에 걸친 우주 창조(1:1-31)
   a. 거주 가능한 지구 조성(1:1-19)
   b. 동물의 창조와 번성(1:20-25)
   c. 사람 창조와 권한 위임(1:26-31)

II. 안식일, 에덴으로의 장면 전환(2:1-4)
   a. 안식일을 복되게 하심(2:1-3)
   b. 창조 내력 요약과 장면 전환(2:4)

III. 에덴과 공동체 조성(2:5-25)
   a. 에덴동산을 만드시고 사람을 두심(2:5-14)
   b. 인간에게 주시는, 생명과 죽음의 명령(2:15-17)
   c. 공동체를 만드셔서 사람의 고독을 해결하심(2:18-23)
   d. 아담과 하와의 결혼, 벌거벗었으나 부끄러워하지 아니함(2:24-25)

IV. 뱀이 에덴동산을 다르게 해석하고 인간이 거기에 귀 기울임(3:1-24)
   a. 뱀의 이의 제기와 부부의 반응(3:1-7)
   b. 앎의 결과: 하나님에게서 달아남(3:8-13)
   c. 저주와 추방(3:14-24)

V. 제사, 살해, 자손(4:1-26)
   a. 가인과 아벨이 태어남, 그들의 제물(4:1-5)
   b. 경고, 살해, 저주(4:6-16)
   c. 가인 혈통의 출산과 직업_ 살해와 저주(4:17-24)
   d. 셋이 태어남, 그 목적(4:25-26)

VI. 에덴 공동체에서 노아에 이르는 계보(5:1-32)
   a. 에덴의 사람부터 노아까지(5:1-27)
   b. 노아의 이름이 홍수 이야기의 틀을 잡다(5:28-32)

VII. 대홍수(6:1-8:19)
   a. 인간의 죄악과 노아의 혈통(6:1-10)
   b. 권한 위임, 방주 건조(6:11-22)
   c. 방주에 들어감, 하늘과 깊은 샘에서 물이 넘치다(7:1-24)
   d. 물이 빠지고, 노아가 땅을 발견하다(8:1-19)

VIII. 노아와 동물과 언약을 맺으심(8:20-9:17)

   a. 노아의 제사와 하나님의 응답(8:20-8:22)

   b. 노아에게 다시 위임하심, 먹을거리 확장(9:1-4)

   c. 살해에 대한 보응(9:5-7)

   d. 인간과 동물과 맺으신 언약의 증거(9:8-17)

IX. 노아의 저주와 혈통(9:18-10:32)

   a. 노아의 혈통과 술 취함(9:18-23)

   b. 함의 불경과 노아의 저주(9:24-27)

   c. 언어와 종족과 민족에 따른 노아의 혈통(10:1-32)

X. 바벨 도성(11:1-9)

   a. 함 자손이 시날로 이동하다(11:1-2)

   b. 명성을 얻으려고 탑이 있는 도성을 건설하다(11:3-5)

   c. 하나님의 반응: 흩으시고 혼잡하게 하시다(11:6-9)

XI. 셈에서 아브람까지의 족보(11:10-32)

| 읽 어 볼 글 들 |

- 창세기 1-11장_ 한자리에서 찬찬히 읽으라.
- 요한계시록 21-22장_ 성경 이야기의 끝맺음

| 생 각 해 볼 질 문 |

01 당신은 창세기 1-11장에서 무엇을 기대하는가? 창세기 1-11장이 어떤 질문에 답하리라고 생각하는가?

_____

_____

_____

_____

02 당신은 창세기 1-11장에서 직접적으로 언급하지 않는 난해한 사항에 보통 어떻게 답을 해 왔는가?(예를 들어, 가인의 아내는 어디에서 왔는가? 진화설이 창세기 2장과 양립할 수 있는가? 대홍수 사건은 공정한가?)

_____

_____

_____

_____

2장

창세기 1-11장과 성경의 나머지 부분

창세기를 구성하는 이야기는 셋인가, 하나인가?

창세기를 읽어 본 사람이라면 학자들이 1-11장을 창세기에서 뚜렷이 구별되는 부분으로 다루는 이유를 분명히 알 수 있을 것이다. 창세기의 이야기 흐름은 아브람의 일생이 시작되면서 다소 급격히 변하고(12장), 요셉의 일생이 시작되면서 또 변한다(37장). 이러한 이유로 흔히 창세기가 사실은 세 권으로 구성되어 있었는데 고대 이스라엘 민족이 한 권으로 엮었을지도 모른다고들 생각한다. 창세기의 큰 흐름 세 가지는 인류의 초기 역사(1-11장), 족장 아브라함과 이삭과 야곱의 서사(12-36장), 그리고 요셉 이야기(37-50장)다. 이 세 부분 모두 따로따로 읽을 수 있으며, 특히 1-11장이 더욱 그러하다. 즉 1-11장을 그 자체로 독자적이며 일관성 있는 일련의 이야기로 읽되, 창세기의 나머지 부분을 읽어야 하는 것과 상관없이 읽어도 된다. 반면에 12-50장은 하나님의 약속과 그 약속의 성취와 관련된 문제가 달려 있기 때문에 이야기가 부분적으로는 미완성인 채로 남는다.

대체로 동의하듯이 창세기는 주요 부분이 셋이지만, 세 부분을 개별적으로 읽는다면 거미줄처럼 서로 얽힌 주제와 표현을 못 보고 지나칠 수도 있다. 이를테면, 스티븐 채프먼이 지적하듯이 요셉 이야기는 창세기 3장에 나오는 에덴 서사를 살짝 뒤집은 내용이다.[2] 창세기에 등장하는 아담이나 족장들과 달리 요셉은 들끓는 욕정을 지닌 여자에게 귀 기울이지 않은 유일한 남자다. 보디발의 아내가 '날마다' 성적으로 요셉을 유혹했지만(3:17; 16:2-3; 27:8; 39:10을 비교하라), 요셉은 자기가 맡은 지위의 원칙에 의거하여 그 여자에게 귀 기울이지 않는다.

아담이 에덴동산에서 하나님의 명령을 어기자 죽음이 들어오고, 농업이 아담에게서 등을 돌리며, 이제 일에는 피땀이 스며든다. 그러나 이집트를 통해 하나님의 계획을 시행하면서, 요셉은 대규모 농업 사업이 인류에게 이익이 되도록 돌려놓고 결과

---

[2] Stephen B. Chapman, "Food, Famine, and the Nations: A Canonical Approach to Genesis", in *Genesis and Christian Theology*, eds. Nathan MacDonald, et al. (Grand Rapids, MI: Eerdmans, 2014), 323-33.

적으로는 이집트를 구원하고 이집트로 몸을 피한 사람들도 구원한다. 이 구원에는 뜻밖에도 요셉 자신의 가족이 포함되었고, 이들은 훗날 이스라엘의 열두 지파가 된다. 쉽게 알아차릴 수 있듯이 이렇게 의도적으로 연결된 주제들이 인류의 초기 역사(1-11장)를 요셉 이야기와 엮으며, 요셉 이야기는 그다음 출애굽기에 나오는 여러 이야기의 배경 역할을 한다. 그래서 나는 창세기에 세 국면이 있다는 데는 동의하지만, 창세기를 단일한 책으로 다루려고 한다.

이와 달리 창세기의 구조가 "그 계보가 이러하다…"라는 히브리어 구절에 따라 나뉜다고 보는 이들도 더러 있다.[3] 창세기의 내용이 나뉘는 주요 부분들에 이 구절이 나온다는 것이다. 이러한 이유와 또 다른 이유를 들면서 이 구절이 창세기에서 일종의 문학적 구조를 나타낸다고 여기는 이들도 있다. 즉 이 구절이 창세기를 나누는 장(章) 역할을 한다고 보는 것이다.

전체적으로 보면 이러한 계보가 창세기의 주요 세 단락에 등장하는데, 이 세 단락의 경계를 전혀 개의치 않는 듯이 보인다. 다시 말해서, 본문의 경계를 표시하는 그 방식 덕분에 창세기의 다른

---

3 역주- 해당 히브리어 구절은 '엘레 톨레도트'다. "이것이 톨레도트다"라는 뜻을 지닌 이 구절에서, 영어 성경과 한글 성경 모두 '톨레도트'를 다양하게 번역한다.

창세기의 계보와 구조

인류의 초기 역사 1-11장	2:4 "이것이 하늘과 땅의 세대라…"[4]
	5:1 "이것은 아담의 세대 **책**이라…"[5]
	6:9 "이것이 노아 아들들의 세대라…"
	10:1 "이것은 노아 아들들의 세대라…"
	11:10 "이것은 셈의 세대라…"
	11:27 "이것은 데라의 세대라…"
족장들의 서사 12-36장	25:12 "이것은 이스마엘의 세대라…"
	25:19 "이것은 이삭의 세대라…"
	36:1 "이것은 에서의 세대라…"
	36:9 "이것은 에서의 세대라…"
요셉 서사 37-50장	37:2 "이것은 야곱의 세대라…"

부분들이 각기 다른 방식으로 서로 맞물리는 듯이 보인다. 그러므로 창세기의 이와 같은 문학적 특징으로 미루어 보아 창세기를 처음부터 끝까지 일관성이 있는 책으로 읽어야 한다고 요약할 수 있다.

---

4 별다른 말이 없으면, 이 책에서 성경 인용은 내 개인 번역을 사용했다. 여기에서는 English Standard Version(ESV)을 인용한다. (역주- 저자의 의도를 따라서 이 부분은 개역개정이 아닌 ESV를 한글로 번역했다. ESV에서는 '톨레도트'를 모두 'the generations'로 옮겼기에 이 부분에서는 '세대'로 번역했다. 개역개정은 창세기에 나오는 '톨레도트'를 주로 '족보'로 옮겼으며 그 외에 '내력', '계보' 등으로 옮겼다.)

5 이 경우에 유일하게, 전형적인 'the generations of' 대신 'book of generations'를 사용했다.

성경의 기초인 창세기 1-11장

성경을 러시아의 마트료시카, 즉 인형의 크기가 조금씩 작아지면서 인형 안에 인형이 겹겹이 들어 있는 달걀 모양의 목각 인형이라고 가정한다면, 가장 중심부에는 무엇이 있을까? 아니면 이렇게 질문할 수도 있겠다. 가장 바깥에 있어서 세상에 제일 흔하게 보이는 인형은 무엇인가? 가장 쉬운 답은 예수님의 인격성, 사복음서, 혹은 아마도 초대 교회일 것이다. 질문을 조금 달리한다면 어떨까? "성경에서 예수님의 인격성이나 복음서, 혹은 초대 교회까지도 모두 이해하는 데 토대가 되는 본문은 어디인가?"

가장 바깥 인형인 서신서부터 시작하자. 왜 서신서가 가장 바깥인가? 나는 요한계시록도 서신서의 범주에 넣으려고 한다. 무릇 서신서는 예수님의 복음(Good News)과 더불어 그 복음이 초대 교회와 지도자들에게 정황상 지니는 의미를 설명하기 때문이다. 사도들은 모세오경이 여전히 기독교 신앙을 지도한다고 상정한다. 그래서 예수님의 가르침처럼 서신서도 모세오경과 역사서와 선지서 등으로 더 깊이 들어가서 예수님의 복음을 이해하고자 한다. 바울, 야고보, 베드로, 요한이 무엇에 고무되었는지를 이해하려면 이들이 거듭해서 언급하는 역사적 사건을 알아야 한다. 예수님의 사도로서 이들이 위임받은 임무를 이해하려면 아주 초기의 교회 생활을 이해해야 한다. 사도행전에서는 오순절에 교회가 설립되기 시작해서 지중해 연안으로 확장되어 가는 과정을 서술한다. 사도행전과 서신서에 나오는 주요 인물들과 사건들을 파악하려면 **아주 최소한** 누가복음의 내용 정도는 알고 있어야 한다. 갑자기 누가가 왜 나오는가? 알려진 대로는 누가가 사도행전을 썼으며, 누가복음이 사도행전에 나오는 여러 사건의 문학적·역사적 배경을 제공하기 때문이다.

또 무엇이 있을까? 누가복음에 나오는 예수님의 인격성을 이해하려면 마태와 마가와 요한이 어떤 내용으로 기술했는지를 알아야 한다. 그래서 그다음으로 작은 인형은 '사복음서'라고 부르겠다. 복음서에서 기술하는 내용을 조금이라도 이해하려면 구약과 관련된 지식이 있어야 한다. 예수님과 사도들이 말하던 '성경'은 어쨌든 구약이기 때문이다. 기독교인들이 '**구약**'이라고 부르는 저작물 전체를 이해하는 데 기초가 되는 부분은 어디인가? 선지서와 이스라엘 왕국의 역사서는 모두 (오경이나 모세의 책이라고도 불리는) 토라를 전제로 하며, 다 토라를 다시 참조해서 인용한다. 그리고 토라 내에서는 창세기에 우주와 인류, 이스라엘 민족, 그리고 이스라엘이 이집트에서 노예가 된 연유가 나와 있다. 또 이스라엘이라는 나라의 기원에 대한 책인 창세기에서는 다른 모든 서사가 창조에서 바벨에 이르는 인류의 초기 역사라는 핵심 서사를 기초로 하고 있음을 다룬다.

앞으로 살펴보겠지만, 창세기 1-11장은 우리가 애당초 생각했던 것 이상으로 성경 전체에 걸쳐서 기본 전제가 된다. 이를테면 사람의 성(性)과 관련해서는 창조 기사가 정말 기본이 되기 때문에, 신약에서 예수님이 바리새인들을 꾸짖으실 때까지 이 문제가 다시 언급되지 않는다. 창조 기사에서는 성(性)을 본래의 모습대로 묘사하기 때문에, 성경 저자들은 창조 기사를 성윤리학과 결혼과 가족에 관한 향후 지침의 주춧돌로 여긴 듯하다. 그래서 다수의 독자는 구약에서 누가 누구와 어떻게 결혼해야 하는지에 대해 전혀 명령하지 않는다는 사실에 놀란다. 설상가상으로, '구약의 거룩한 인물들'이 아내를 여럿 취하고 여러 명과 성관계를 맺지만 그들이 하나님이나 그 이야기의 화자(話者)에게 도덕적으로 아무런 판단을 받지 않는다는 사실에 당황한다.

그러나 성경은 창조 기사를 통해서 특정 결혼관을 지지할뿐더러 **가능한 한 가장 강력한 표현으로** 그렇게 주장한다(이 내용은 본서의 3장에서 더 자세히 다루겠다). 내가 독자에게 굳이 말할 필요는 없지만, 성에 대한 우리의 신학과 그 신학을 조리 있게 설명하는 능력은 현대의 시급한 쟁점인데, 이 문제가 오늘날 대중 매체 여기저기에 아무렇게나 내던져지고 있다. 이는 우리가 레위기나 마태복음, 바울 서신에서 가르치는 성과 결혼관을 이해할 수 있으려면 **성경으로서** 창세기 1-11장이 성을 어떻게 다루는지를 분명히 이해하고 있어야 한다는 뜻이다.

오늘날 우리는 "성경 어디에서 이 일, 혹은 저 일을 금하는가?"라는 질문의 덫에 걸리기 쉽다. 우리는 배웠거나 그럴 것이라고 생각한 방식대로 성경이 우리의 행동과 태도를 제한하는 내용을 성경에서 빠르고 분명하게 찾을 수 없으면 당황한다. 이를테면 성경 어디에서 독신자들에게 계속해서 순결(오늘날에는 계속 변화하는 개념인)을 지키라고 강요하는가? 부부에게 평생 일부일처제만 허용한다는 내용은 어디에 나오는가? 이스라엘 족장들도 일부일처제를 그다지 중요하게 여기지 않은 듯한데 말이다. 오히려 창세기 1-11장이 이스라엘을 통한 하나님의 계획을 이야기해 주는 토대 역할을 한다고 이해한다면, 우리는 성경이 대답할 준비가 **되어 있는** 질문으로 이렇게 바꿀 수 있을 것이다. "결혼 생활을 지혜롭게 준비하고 시작하는 방법은 무엇인가?"

창조를 세상이 본디 어떠한 모습이어야 하는지에 대한 가장 심오한 논거로 받아들일 때 우리는 하나님이 우리를 빚어서 만들고 계시는 사람들이 될 수 있도록 지혜롭게 인도를 받는다. 창세기 1-11장은 다가올 시대를 어떻게 준비해야 할지 그 통찰력을 우리에게 제공한다. 토라에서 가장 앞부분에 나오는 하나님의 가르침에는 한때 우주가 어떤 모습이었으며 결국은 다시 어떤 모습이 될지(계 22:2)를 가장 강력하게 입증할 수 있는 이야기들이 들어 있다. 1-11장을 성경 전체를 숙고하게 하는 기반 시설로 이해하면 유익을 얻을 것이다. 반면에 이 기반 시설을 하찮게 여기면서 우리가 생각하고 행한다면, 집의 기초를 소홀히 여길 때와 마찬가지로, 좋지 않은 결과를 얻을 뿐이다.

읽어 볼 글들

창세기 1-11장을 어떻게 이해했는지에 따라 그 해석이 달라지는 단락들의 예

- 창세기 1:28; 출애굽기 1:7, 10, 12
- 창세기 1:14-27; 신명기 4장
- 창세기 1-2장; 로마서 1장
- 창세기 2:18-25; 레위기 18장
- 창세기 9:1-17; 출애굽기 21-23장
- 창세기 11:1-9; 사도행전 2:5-13

생각해 볼 질문

01 창세기 1-11장을 하나님이 계획하셨던 우주에 대한 핵심 이야기이자 주장이라고 받아들인다면, 우리가 살고 있는 타락한 세상에 대한 관점이 어떻게 변할 수 있을까?

_____

_____

_____

02 당신이 추정하기에, 성경의 의미와 관련한 신학과 논쟁에서 창세기 1-11장을 홀대하게 된 이유는 무엇인가?

_____

_____

_____

3장

우주의 내력(1:1-2:4)

창세기를 구성하는 이야기는 셋인가, 하나인가?

나는 이야기를 카메라 앵글의 관점에서 묘사하고 싶다. 내가 어느 이야기를 영화로 만든다면, 카메라를 어디에 두어야 하고, 또 어디를 향하게 해야 할까? 우리는 창세기를 시작하는 구절을 읽을 때 그 본문이 말하는 바를 포착할 수 있는 앵글을 찾기가 힘들다. 우리는 어디에 서 있고, 무엇을 보고 있는가? 이 이야기는 하나님의 관점에서 말하고 있는가, 아니면 관찰자의 관점에서 말하고 있는가? 카메라 앵글을 정확하게 잡는다는 전제에서 말하자면, 창세기 1:1-2:4은 화자(話者)가 들려주는 이야기다. 그러나 그렇게 생각한다면 이런 종류의 기사의 범주를 잘못 잡은 것이다. 이 기사 자체가 자신이 어떤 범주에 속했는지를 말해 주기 때문이다. 1:1-2:4은 그 종결 부분에 따르면 일종의 계보의 성격을 띤다. "이것이 천지가 창조될 때에 하늘과 땅의 내력(generations)이니 여호와 하나님이 땅과 하늘을 만드시던 날에"(2:4, 개역개정).[6]

창세기가 일종의 계보로 시작하는 까닭은 인류 혈통에 대한 이러한 묘사가 창세기 나머지 부분에서 들려주는 이야기와 직접적으로 연관되기 때문이다. 이 혈통에서 언급하는 모든 사항이 이 이야기의 등장인물이 된다. 하나님이 내리시는 복과 권한 위임은 모두 인류의 이야기에서 줄거리의 전환점이 된다.

> ### 계보(genealogy)는 나무가 아니라 선(線)이다
>
> 이제 창세기에서 살펴보겠지만, 계보가 단순히 가족 관계만 보여 주는 것은 아니다. 창세기 계보는 오늘날에 인기 있는 족보와는 다르다. 그런 족보에서는 가계도에 나오는 사람들을 일일이 파악해서 혈통을 자세히 추적하려고 한다. 수평적으로 확장하는 경향이 있으며 통혼, 자녀, 국적, 심지어 직업까지도 알려 준다. 반면에 창세기에 나오는 계보에서는 사람의 혈통(lineage), 즉 직역하면 우리가 따라갈 사람들이 서 있는 선(line)을 보여 주어 이들을 지금 들려주고 있는 이야기와 연결하고자 한다. 이 혈통에서 배제된 사람이 있다면 그는 아마 그 이야기에서 아무 역할도 하지 않기 때문일 것이다.

---

6 여기에 나오는 장면 전환 서술을 어떻게 이해하느냐에 대해서 학자들마다 의견이 갈린다. 몇몇 학자는 "여호와 하나님이 땅과 하늘을 만드시던 날에"라고 하므로 이 서술이 창조의 일곱 날을 재차 언급하는 것이라고 믿는다. 이 서술을 창세기 2장에 나오는 에덴동산 기사의 예고편이라고 보는 학자들도 있다. 어느 쪽이든지 이 서술에서는 창조를 일종의 계보로 본다.

그렇지만 우주의 내력(lineage)을 묘사하는 기사는 여전히 우리의 취향에는 조금 맞지 않는 듯하다. 솔직히, 우주 창조를 훨씬 더 간단하게 말할 수도 있었다(예를 들어, "누가 우주를 만들었는가? 하나님이 만드셨다."). 아니면 아예 비유처럼 말하려던 의도였다면, 좀 더 멋진 시적 표현을 사용하여 감각적으로 서술할 수도 있었다. 욥기에 나오는 창조 기사는 우주의 시작 장면을 더 서정적으로 포착한다. 우리는 창세기가 창조에 대해 세세한 부분까지 말해 주었기를 바라지만 창조의 내력 너머에는 기술되지 않은 더 많은 것이 있다. 학자든 아니든, 창조 기사의 간결성을 두고 고민하기는 마찬가지다.

> 창세기의 계산법은 놀랍다. 창조라는 주제에는 딱 두 장, 인류의 죄의 시작이라는 주제에는 한 장을 할애한다. 반대로 아브라함에게는 열두 장, 야곱에게는 열 장, 요셉에게는 열세 장을 준다. … 특이하게도, 요셉에게는 열세 장을 할애하지만 창조에는 단 두 장만 할애하는 것이다. 과연 사람 한 명이 세상보다 약 여섯 배나 중요할 수 있는가?[7]

창세기 1장은 폭넓은 정도로 따지면 도움이 될 만한 정보를 많

---

[7] Victor P. Hamilton, *Handbook on the Pentateuch* (Grand Rapids, MI: Baker, 1982), 18.

이 제공하지는 않지만, 성경을 전체적으로 읽을 때 매우 유익한 내용이 들어 있다.

1:1-2:4에서는 무슨 내용이 이어지는가?

창세기 1장에서 두드러지는 특징 두 가지는 창조에서 하나님이 하신 역할과, 인간과 나머지 피조물의 관계에서 나타나는 창조의 절정이다. 이 부분에서 기술하는 창조의 하루하루나 물리적 우주에 대하여 그동안 논의가 많았지만, 이 본문에서 강조하는 창조의 내력이 이러한 논의를 확실하게 잠재우리라. 하나님은 유일하신 분이며, 단 하나의 범주에 속하시는 분이다. 반면에 이 우주의 내력에서 기술하는 모든 피조물은 각기 다른 범주에 속한다. 이스라엘의 주위에 있던 고대 근동 나라들의 여러 창조 기사의 내용과 달리, 창세기에서는 본질적으로 우주에는 두 가지 유형, 즉 창조주와 피조물만 존재한다고 말한다. 이것을 창조주와 피조물의 구별(Creator-creation distinction)이라고 부른다.

창조주 하나님

우리가 창세기에서 보는 이 하나님은 어떤 존재인가? 구약에서 하나님은 여러 이름과 칭호로 통한다. 히브리어는 어느 신이든지 보통 **엘**(*el*)이라는 단어로 신을 총칭한다. 따라서 **야훼**

(*Yahweh*[8])는 이스라엘 사람들의 **엘**(신[神])이고, 다곤은 블레셋 사람들의 **엘**이다(삿 16:23). 영어 성경은 창세기 2:5부터 하나님을 'LORD'로 언급한다. 영어 성경에서는 'LORD'라고 대문자로 표기해서, '야훼'와 비슷하게 발음되는 하나님의 이름이 실제 성경에서 사용하는 용어라고 독자에게 알려 주고자 한다.[9] 영어 성경에서 이 단어가 보인다면, 히브리어로 '야훼'라고 읽으며, 하나님의 고유한 이름으로서 우리 각 사람의 이름과 같은 역할을 한다고 알고 있으면 된다. 척이나 밥, 클라리사 같은 인간의 이름처럼 하나님에게는 고유한 이름이 있으며, 현대의 여러 영어 성경에서는 'LORD'라는 칭호로 불린다.

야훼나 YHWH[10]라는 이름은 "-이다"(to be, **하야**[*hayah*])의 언어유희로, 불붙은 떨기나무 가운데에서 모세에게 계시된 이름인 "나는 앞으로도 나일 것이다"(**에흐예 아쉐르 에흐예**[*ehyeh asher ehyeh*,

---

8 역주- 개역개정에서는 '여호와'(Yehowah)라고 옮겼지만, 현대 성경학자들은 '야훼'(Yahweh)가 원래 발음에 더 가깝다고 추정한다. 이 책에서는 저자의 표기대로 '야훼'로 옮겼다.
9 역주- 히브리어 성경에서 야훼에 해당하는 단어(자음)인 יהוה(로마 알파벳으로는 보통 YHWH로 표기함)가 나올 때 유대인들은 야훼라고 읽지 않고 '주님'이라는 의미인 '아도나이'로 읽었는데, 'LORD'라는 영어 번역은 그러한 전통을 따른 듯하다.
10 야훼(Yahweh)를 흔히 히브리 문자 YHWH나 YHVH로 줄여서 사용하기도 한다. 학자들은 이 단축형 이름을 테트라그래마턴(Tetragrammaton, '네 글자' 이름)이라고 부른다.

출 3:14])로 유명하다.[11] 그러면 출애굽기에서 모세에게 계시되었던 이 이름이 창세기에서는 어떤 역할을 하는가? 이 질문에는 나중에 계시된 이름을 시간상 앞선 본문에 적용했다는 전제가 들어 있다. 후대의 지명(이를테면 창 14:14에 나오는 '단까지')[12]을 그보다 더 오래된 이야기에 사용했듯이, 이 본문에 전제된 가정에 따르면, 후대의 독자가 쉽게 이해할 수 있도록 본문을 살짝 편집하는 일은 일반적이었다. 더 오래된 이야기의 편집은 현대에 와서야 비로소 발견된 문제가 아니다. 고대 독자들도 그러한 편집을 인식하고 있었다.

창세기 1장과 구약 대부분에 걸쳐서 가장 흔하게 하나님을 가리키는 용어는 복수형인 **엘로힘**(elohim)으로, 직역하면 '신들'을 뜻한다. 히브리어는 명사에 '-임'(-im)이나 '-오트'(ot)가 어미로 오면 복수형이 된다. 영어에서 명사에 '-s'나 '-es'를 붙여서 복수형을 만드는 것과 같다. 따라서 창세기 1:1을 딱딱하게 번역하

---

11 이 말은 일종의 언어유희이기 때문에 오늘날의 많은 이름이나 구약에 나오는 이름처럼 여기에서 하나님의 이름이 정확히 무슨 뜻인지 말하기는 불가능하다. 더러는 "나는 나다" 혹은 "나는 예전부터 나였다"라는 뜻을 제안하기도 한다. 나는 이 이름의 미래형인 "나는 앞으로도 나일 것이다"(I will be who I will be)가 마음에 든다. 이 맥락에서는 아브라함을 통한 이스라엘 민족의 건설을 되짚어 보면서도 아직 성취되지 않은 일련의 약속을 고대하기 때문이다.

12 '단'이라는 성읍과 지역은 단 지파의 이름을 따라 명명되었기에 아브라함 이후로 수 세기가 지나서야 존재했던 곳이다. 따라서 창세기에 나오는 '단까지'는 '오늘날 우리가 단이라고 부르는 곳까지'라는 의미다.

면 "태초에, 신들 **그가** 하늘들과 땅을 **창조했다**"이다. 동사는 분명히 남성 단수가 사용되었기에, "그가 창조했다"라는 뜻이다. 단수인 신에 복수형인 엘로힘을 사용한 점이 특이하지만, 그 당시 전통에 어긋나는 일은 아니었다. 페니키아어도 복수형을 사용해서 단수인 신을 지칭했으므로, 유례가 없는 일은 아니다. 구약에서 엘로힘은 땅의 통치자들(시 82:1, 6), 우상(창 31:30), 천상의 존재나 천사(시 8:5)를 지칭하기도 한다. 이스라엘의 하나님을 엘로힘이라고 지칭한 표현이 문법적으로는 앞뒤가 안 맞지만, 성경에서는 이 용어를 시종일관 이스라엘의 하나님의 별칭으로, 또 분명한 남성 단수 명사로 사용한다.

> **하나님의 형상**
>
> '하나님의 형상'이란 무엇인가? 이 본문만으로 본다면 하나님의 형상은 적어도 다음과 같지만, 이 내용으로 한정되지는 않는다.
> 1. 하나님의 형상은 우리와 같은 유형의 다른 동물을 본뜬 것이 아니다 (1:24, 27).
> 2. 하나님의 형상에는 남자, 여자, 가족의 창조자가 되는 데 필요한 무언가가 들어 있다(1:27, 28).
> 3. 하나님의 형상은 동물과 땅을 보살피는 우리의 역할과 관련이 있다 (1:28, 29).

하나님의 이름과 칭호를 왜 이렇게 자세히 다루는가? 이 이야기 중의 이야기를 시작하면서, 단수이지만 '신들'로 지칭되는 신이 그다음에는 복수로 자신에게 "**우리의** 형상을 따라 **우리가** 사람을 만들자"라고 말씀하신다.

후대에 삼위일체 교리가 주장하듯이 하나님이 본질적으로 공동체라면, 하나님의 형상 역시 그 공동체의 성격을 반영할 것이다. 삼위일체를 창세기 1장에서만 가르치고 있다고 말할 수는 없을지 몰라도, 하나님 자신이 공동체라는 사실은 성경에서 가장 먼저 나오는 이 기사에 강하게 암시되어 있다. 엘로힘이 복수인지 아닌지 여부는 차치하더라도, 하나님은 인간의 타락 전이나 후에 모두 복수로 당신 자신에게 말씀하신다(1:26-27; 3:22).

하나님은 공동체이시면서 동시에 창조주이시다. 이 사실이 크리스천인 우리에게는 당연해 보일지 몰라도, 단연코 상상 이상으로 확고한 주장이다. 창세기 1장에서 기술되는 우주의 내력에는 기본이 되는 두 존재 유형으로 **창조주**와 **피조물**이 나온다. 하나님은 유일한 **창조주**인 실재이시고, 나머지는 모두 **창조된** 실재다. 이 사실 하나만 보아도 창세기가 고대 근동의 다른 모든 창조 기사와 내용이 다르다는 점을 알 수 있다. 그 기사들은 신들의 계보 자체에 초점을 맞추어 기술한다.[13]

---

13 메소포타미아와 이집트의 기록물에서는 상당한 시간을 들여서 신들의 기원을 이야기한다. 이집트의 "프타에게 찬미를"(*Hymn to Ptah*)이나 "라에게 찬미를"(*Hymn to Ra*), 메소포타미아의 "에누마 엘리쉬"(*Enuma Elish*) 제1권, "아트라하시스 서사시"(*the epic of Atrahasis*) 제1권이 그 예다.

창세기 1장에는 하나님이 확실히 나온다. 비옥한 초승달 지대 전역에서 발견되는 신들에 대한 기사와 달리, 성경에서는 하나님의 계보를 전혀 다루지 않는다. 하나님은 다른 누구나 그 무엇에서 나오지 않으셨다. 온 우주의 모든 것과 달리 하나님에게는 계통이 없으시다. 더욱이, 창조하시며, '창조하시는' 유일한 분이다. 구약에서 '창조하다'(바라[*bara*])라는 단어는 거의 하나님에게만 사용된다. 인간은 절대 창조할 수 없다. 우리는 무언가를 만들거나 빚거나 구성하거나 모양을 잡거나 지을 수는 있지만, 성경에 따르면 아무것도 창조할 수 없다. 성경에서 '창조하다'(바라)라는 동사는 오직 하나님만을 주어로 삼는다.[14] 하나님이 창조주라는 말은, 하나님은 기원 설화가 없으며, 왜 그런지 모르지만 집단이면서 개체이신 분이며, 창조하시는 분이라는 속성을 강조하는 표현이다. 이러한 세 가지 특성은 오직 하나님에게만 있는 독특한 속성이다.

> **에누마 엘리쉬**
> 바빌론 창조 설화, 첫 번째 점토판, 기원전 1000-1600년경
>
> 위로는 하늘을 (아직) 이름 짓지 않았으며,

---

14 유일한 예외는 여호수아가 요셉 자손에게 그 지역으로 올라가서 스스로 "내쫓으라(clear)/창조하라(create)"라고 명령할 때다(수 17:15, 18; 역주- 개역개정에서는 "개척하라"라고 번역했다). 그러나 여기에서 단 한 번 사용한 "창조하라"는 일반 용례에 대한 언어유희로 보이며, 심지어 조롱을 의미할 수도 있다.

3장 : 우주의 내력(1:1-2:4)

> (또) 아래로는 땅을 (아직) 그 이름으로 부르지 않았을 때,
> (그때) 그들의 아버지인 태고의 압수와
> 그들 모두를 낳은 어머니인 티아마트가
> (계속해서) 자기들의 물을 한데 섞었다.
> 초지가 형성되지 않았으며,
> 갈대 습지(조차)도 보이지 않았다.
> (다른) 신들이 하나도 태어나지 않았으며,
> (아직) 이 신들이 (각기) 이름(들)으로 불리지 않고,
> (그들의) 운명이 (아직) 정해지지 않은 (때)
> (그 시간에) 신들이 이들 안에서 창조되었다.
> 라흐무, 라사무가 태어나서, (각자) 이름으로 불리었다.
> 이들이 자라서 장대해지기 훨씬 전에
> 안사르와 키사르가 창조되었으며, (키가) 그들보다 훨씬 컸다.
> 그들은 몇 날을, (몇 날에) 몇 년을 더해 가며 살았다.[15]

혼돈과 질서

하나님은 창조하실 뿐 아니라 만물을 구별하고 옮겨서 제자리에 놓으신다. 창세기 1장과 고대 근동의 창조 설화 사이에는 유사성이 많다. 근동 설화에서 우주는 전쟁 중인 신들의 형태를 띤 태고의 습지나 (바닷물 같은) 물질이다. 그래서 **에누마 엘리쉬** 같은 기원 설화를 보면 전쟁에서 승리한 신들이 패배한 신들을 갈가리 찢어서 그 사체로 하늘과 땅을 만든다. 그리고 태고의 전쟁을 하는 동안 나쁜 편에 가담했던 신들을 비틀어 짜낸 피로 인간을 만든다.

이러한 이야기들이 고대에 창세기 독자들의 머릿속에 들어 있

---

15 "Enuma Elish", in Alexander Heidel, ed. *The Babylonian Genesis*, 2nd ed. (Chicago: University of Chicago Press, 1942), 18.

는 배경 내용이라면, 하나님을 우주의 혼돈 물질들(즉, 창 1:2에서 묘사하는 것처럼 "혼돈하고 공허하며 흑암이 깊음 위에 있는 땅")과 싸우는 전사로 보고픈 마음이 생길지도 모른다. 이런 식으로 읽으면 하나님은 바빌론 설화 에누마 엘리쉬에 나오는 승리한 신들처럼 우주를 휘저어서 어떤 모양을 만들고 계신 셈이다.

겉으로는 유사성이 많지만, 창세기 1장의 나머지 부분은 에누마 엘리쉬의 줄거리와 전혀 다르다. 그러므로 신들이 질서를 설득해서 혼돈에서 나오게 하는 이야기를 창세기 1장이 흉내 냈다고 해석할 필요는 없다. 심지어 창세기는 나름대로 내용을 전개하되 그러한 다른 이야기들을 이미 알고 있었을 수도 있다. 그 이야기들의 내용을 은근히 암시하는 듯이 글을 쓰고 비평하기 때문이다. 창세기에서 하나님은 말씀하심으로써 만물을 창조하시지 전투에서 이김으로써 창조하지 않으신다. 고대 메소포타미아나 이집트에 등장하는 신들과 달리 창세기의 하나님은 창조주로서, 또한 만물을 완전히 다스린다는 면에서 유일무이한 존재이시다.

만드시고 채우시다

창세기의 맨 처음에는 말씀과 바람(혹은 '영'; 히브리어로는 **루아흐** [*ruach*])으로 독특하게 만물을 창조하시는 하나님이 나온다. 창세기 1:3-19에서 하나님은 창조하실 뿐 아니라 나중에 세상을 피조물로 채우는 일을 하시기 위해 우선 세상의 형태를 만드신다. 그런데 무슨 모양이 만들어지고 있는가? 하늘이 둥근 지붕 모양의 단단한 천장처럼 만들어졌다. 물이 모이자 뭍이 드러났다. 저자는 아주 구체적인 그림을 염두에 두고 있는 듯이 묘사하지만 우리로서는 잘 이해할 수가 없다. 우리에게 하늘은 둥근 지붕 모양이 아니라 땅과 우주 공간 사이에 있는, 공기가 가득한 공간이다. 우리에게 달은 빛 자체가 아니라 빛을 반사하는 위성일 뿐이다(1:16). 창세기 1장에서 무엇을 묘사하든지 간에 그 묘사는 만물의 물리 작용에 대한 실황 중계라기보다는 고대인들의 이해와 맞아떨어지는 것 같다. 즉 창세기 1장에는 일종의 계보로서 세상의 내력(lineage)을 보여 주려는 의도가 담겨 있다.

고대 히브리인들은 우리와 다르게 우주를 이해했지만, 이러한 계보 묘사는 인류를 우주의 내력과 연결해 준다. 히브리인들이 무엇을 믿었든지 간에, 세상의 기하학적 모습, 땅이 물위에 떠 있는지의 여부, 그리고 별들이 실제로 하늘이라는 딱딱한 둥근 지붕에 자리 잡고 있는지와 같은 사항들과 관련해서는 분명히 우리와는 다른 관점을 지니고 있었다. 오늘날에도 우리는 우주를 있는 그대로 묘사하지 않는 표현과 개념을 곧잘 사용한다. 로빈 패리는 이렇게 지적한다.

여전히 우리는 일상 대화에서 해가 뜨고 진다고 표현한다. 우리는 **사물이 우리가 서 있는 곳에서 어떻게 보이는지**에 대해 말하고 있을 따름이다. 잘 알다시피 이렇게 표현한다고 해서 우리가 태양계에서 살고 있다는 사실을 부정하는 것은 아니다. 성경 저자들 역시 세상을 실제로 관찰할 때 어떻게 보이는지에 대해 말하고 있을 뿐이다.[16]

하나님은 세상을 창조하시고 만드셔서 식물로, 포유류와 파충류로, 조류와 어류로, 마침내는 인류로 세상을 채우려고 계획하셨다. 즉 우리가 물과 하늘과 땅에 대한 강조를 어떻게 다르게 이해하고 싶든지 간에 이 본문의 저자는 우리가 이러한 요소들을 거친 후 자녀를 출산하고 문화를 이루어 사는 데 이르도록 하는데, 바로 이것이 저자가 정말로 말하고자 하는 점이다.

하나님의 형상, 임무를 위임받은 인간

창세기 1장을 훑어보면서 거듭해서 나오는 단어나 구절에 밑줄을 그어 보면 두 가지를 발견할 수 있다. 첫째, "그가 보시기에 좋았다"와 "저녁이 되고 아침이 되니 이는 몇째 날이었다"와 같은 구절이 규칙적으로 등장한다는 것이다. 이러한 반복으로 이야기를

---

16 Robin Parry, *The Biblical Cosmos: A Pilgrim's Guide to the Weird and Wonderful World of the Bible* (Eugene, OR: Cascade, 2014), 22.

강조하면서 저자는 우리가 창조의 질서를 일정한 속도로 따라가도록 돕는다. 둘째, 그런데 1:26에서 변화가 일어난다. 반복되는 단어와 구절에 계속 밑줄을 긋고 있노라면, 절반이 앞 단락을 반복하는, 복잡한 단락이 눈에 띈다. 1:24-31에는 우리가 거기에 이르기까지 읽어 온 표현들이 많이 나온다. "그 종류대로", "보시기에 좋았더라", "하늘의 새", "가축", "땅에 기는 것들", "하나님이 그들에게 복을 주시며", "생육하고 번성하라", "씨 맺는 모든 채소", "땅의 모든 짐승", "씨 가진 열매 맺는 모든 나무" 등등.

창세기의 첫 장에서는 왜 이렇게 자꾸 반복하는 것일까? 우주가 만들어져서 이제 피조물이 가득 차 있지만, 다른 온갖 피조물과 달리 하나님의 형상인 이 피조물과의 관계 가운데 모든 피조물이 있어야 한다. 즉, 우리가 지금까지 추적해 온 우주의 내력이 하나님의 형상인 사람들과 얽히고, 피조물을 다스리면서 자녀와 문화를 생성하고 증가하게 하는 이들의 임무와 한데 얽힌다. 인간에게서 절정에 이른 창조를 마무리하시면서 하나님은 눈에 보이는 상황에 강렬하게 반응하신다. "[하나님이] 보시기에 **심히 좋았더라**"(1:31).

우리가 하나님의 형상으로 창조되었다는 말은 도대체 무슨 의미인가? '**형상**'(첼렘[tselem])에 해당하는 단어는 구약에서 좀처럼 사용되지 않으며, 우상이나 피조물의 형상인 조각상을 언급할 때처럼(민 33:52; 삼상 6:5) 종종 하나님의 형상을 가리킨다. 그러나 '하나님의 형상'이라는 표현은 창세기 1장에서 특별한 역할을 하는데, 단순히 인간이 창조된 형태를 확인해 주는 것을 넘어 땅에서의 인간의 역할도 나타낸다. 첫째, 하나님의 형상이라는 표현에는 생육하고 만물을 돌보아야 하는 인간의 임무가 들어 있다. 둘째, 레온 카스도 말하듯이 "인간은 실로 다른 동물들과 구별되며 동물보다 더 고등하다. 인간이라는 동물만 신을 닮았다고 일컬을 수 있었다."[17] 셋째, 가장 처음으로 주신 명령에서 보면 우리의 형상이 인간 존엄성의 기초이기에, 인간이 살해되었을 때는 반드시 배상을 해야 한다(9:6 참고). 하나님의 형상으로 창조됨을 창세기에서 우리의 이성적인 능력 면으로만 정의하지는 않는다는 점이 놀랍다. 더 정확히 말하자면 하나님의 형상으로 지어졌다는 것에는 세상 모든 피조물 가운데서 인류에게 남다른 지위와 아울러 과실에 대한 책임도 부여한다는 의미가 들어 있다.

안식일의 역할

일(work)은 적절한 조건 내에서는 선하다. 창세기 2장에서는 하나님을 식물을 심고 정원을 가꾸는 일꾼으로 묘사한다. 창세

---

[17] Leon R. Kass, *The Beginning of Wisdom: Reading Genesis* (Chicago: University of Chicago Press, 2003), 37.

기 1장에서 하나님은 창조하시고, 만드시고, 채우시고 나서 모든 것을 '좋다'(선하다)고 여기셨다. 창세기 3장 이후부터 일이 수고로 변했다. 창조의 마지막 날에 나오는 짧은 두 문장(2:2-3)이 결국에는 이스라엘과 초대 교회의 생활에서 중요한 역할을 할 것이다. 하나님은 창조를 쉬시고 당신의 쉼을 '거룩하다'고 여기셨다. 우리 문화에서는 '거룩하다'라는 단어에 의미를 과도하게 부여한다. 아주 간단히 말하자면, 여기에서 '거룩하다'는 '따로 떼어놓다'와 같은 뜻이다.

안식은 일이 아니다. 안식일의 어원은 히브리어 **샤바트**(*shabbat*)로, 샤바트를 직역하면 '쉬거나 중단하다'라는 뜻이다. 이 안식일은 거룩하게 복을 받았으며, 특별한 목적을 위해 따로 떼어놓은 날이다(2:3). 이스라엘은 안식일을 지키지 못했기 때문에 후에 예언자들에게 계속해서 집중 포화를 받았다. 안식일은 하나님의 일의 기초이지, 창세기 3장에서 발생한 암과 같은 수고에 대응하기 위해 덧붙인 사항이 아니라는 점도 주목할 만하다. 신약에서는 안식일이 폐지되기는커녕 예수님은 안식일이 인류를 위해 있다고 하시면서 새로운 방향으로 유대교의 태도를 전환시키신다(막 2:23-28). 유대교 지도자들은 안식일의 역할을 시행해야 하는 일종의 의무로 오해했지만, 예수님은 안식일이 창조에서 비롯되었으며, 그렇기에 우리와 우리 가축들과 종들을 **위한**

날임을 일깨우신다. 다시 말해서, 어떻게 해서 안식일이 우리 삶의 체계를 잡아 줄 뿐 아니라 사회와 정치의 체계에 생명을 불어넣어 주는지를 지도자들에게 상기시키신다. 안식일의 양면을 보지 못하면 결국은 잘못되게 이해할 수밖에 없다.

창세기를 제쳐두더라도 안식일을 대충 다룰 수는 없다. 안식일은 성경의 나머지 부분에서도 중심 역할을 해서, 안식일을 기준으로 일주일과 1년과 온갖 절기의 체계가 잡힌다. 안식년은 종살이의 최대 기한으로, 7년이 한 주기가 된다(신 15:12). 토지의 소유권 해제도 안식년 주기를 기반으로 한다(레 25:31). 전국적으로 지키는 안식일 덕분에 인권과 동물권이라고 알려진 권리의 전제 조건이 처음으로 생겼으며, 누구나 사회경제적인 지위와 관계없이 평등하게 매주 쉬게 되었다고 주장한 이들도 있다.[18] 종과 나귀와 일꾼은 모두 일주일에 하루를 쉬라는 명령을 받았다. 안식일이 창조에 뿌리를 둔 (하나님이 직접 실행하신!) 관습이라는 사실은 이스라엘이 안식일을 어길 때마다 예언자들에게 꾸지람을 받는 근거가 되었다(느 13:18; 사 56:6; 렘 17:27). 예언자들은 안식일을 경외하는지를 보고 이스라엘을 판단했으며, 이 판단은 정의를 촉구하는 내용으로 이어지기도 했다(사 56:2; 렘 17:21-27 참조).

---

18 Jeremiah Unterman, *Justice for All: How the Jewish Bible Revolutionized Ethics* (Philadelphia: Jewish Publication Society, 2017), 21.

창세기 1:1-2:4에서는 무슨 내용이 이어지지 않는가?

오래도록 우리 문화에 영향을 미쳐 온 많은 본문처럼, 흔히 우리는 창세기 1장을 읽으면서 **거기에서** 배우려는 것보다 더 큰 혹을 **거기에** 붙인다. 여기에서는 창세기가 우리에게 설명해 주지 않는 부분을 간단히 살펴보도록 하겠다.

과학에 대한 설명이 아니다

우리는 고대 사람들이 우리만큼은 똑똑하지 않았을 것이라고 착각하지 말아야 한다. 히브리인들에게도 합리적인 현실 감각이 있었다. 알려진 모든 문서와 고고학으로 판단해 본다면 히브리인들도 우리처럼 물리적인 인과 관계를 인지하고 있었다. 오늘날 많은 사람처럼 히브리인들도 하나님이 우주를 매우 특별한 방식으로 다스리고 계심을 알고 있었다. 따라서 논리적으로 보면 그때와 지금 모두 하나님이 원인과 결과에 대한 설명에서 중요한 요소였을 것이다. 하나님이 빛을 창조하셨다는 첫 문장을 읽을 때, 빛이 있다면 그 빛이 나오는 근원이 있다는 사실을 고대 히브리인들도 지금 우리처럼 알고 있었다. 전기가 있기 전에 빛의 근원은 천체(해, 달, 별 등등)와 불/번개뿐이었다.

그럼에도 창세기에서는 빛이 아무 근원 없이 첫째 날에 창조되었다고 말하고, 빛의 근원은 넷째 날이 되어서야 창조되어서 그날 해와 달의 자리가 정해져서 계절을 표시하게 되었다고 밝힌다. 이것은 현대인들에게만 과학적으로 풀리지 않는 문제가 아니며, 고대 히브리인들에게는 논리적으로 이해할 수 없는 문제이기도 했다. 창세기 1장이 우주의 기원에 대한 과학적 이해와 무슨 관계가 있든지 간에 성경 본문을 단순히 일종의 과학적인 설명으로 축소해서 이해해서는 안 된다.

날짜와 관련된 설명이 아니다

마찬가지로, 창세기 1장은 어느 해나 시대에 창조가 일어났는지, 혹은 창조에 얼마나 오랜 시간이 걸렸는지 전혀 알려 주지 않는다. 창조 기간인 7일이 24시간으로 구분하는 하루인지 아니면 더 오랜 시간을 나타내는지와 관련한 논쟁이 끊이지 않고 계속되고 있다. '**하루**'(욤[*yom*])라는 용어에 대한 고찰은 언급해 볼 만하다. 히브리어 '하루'는 현대 영어에서 '하루'라는 단어의 뜻처럼 상황에 따라 의미가 달라진다. "**젊은 시절에**(back in my day) 펑크 밴드에 있었어요"라는 말이, 24시간 내내 펑크 밴드에 있었다는 뜻이라고는 아무도 생각하지 않는다. 창세기 2:4에 나오는 '하루'의 용례가 꼭 이와 같다. "여호와 하나님이 땅과 하늘을 만드시던 날에"에서 '날에'(in the day)라는 구절은 7일간의 창조 사건이 '여러 날'이 아니라 '단 하루'에 일어난 일인 것처럼 보이게 한다. 이처럼 같은 창조 기사 안에서조차 성경 저자는 하루를 '시간상 일정 기간'이라는 비유적인 뜻으로 사용한다.

덧붙여 말하자면, 창조의 각 시기를 24시간 단위의 하루를 이용하여 구분한다면 또 다른 이유로 난해해진다. 하루를 24시간이라고 정의하는 분명한 근거는 지구가 태양을 보면서 자전하는 데 대략 24시간이 걸리기 때문이다. 하루가 24시간이라는 개념은 현대에 들어서 내린 정의가 아니다. 옛날에도 그렇게 정의했다. 유사 이래로, 태양이 하늘에서 같은 지점으로 다시 돌아오는 데 걸리는 시간을 하루라고 정의한 것이다. 그렇지만 창조 넷째 날까지는 태양이 아직 존재하지 않는데도 수수께끼처럼 '저녁이 되고 아침이 되는' 순환이 6일 내내 언급된다.

다시 말하자면, 24시간이라는 기간으로는 본문의 뜻을 **분명하게** 이해할 수가 없다. 현대인들에게는 지구가 태양에서 세 번째로 떨어진 채로 자전하지 않는다면 24시간이 아무 의미가 없다. 고대인들에게는 매일 하늘을 가로지르면서 움직이는 태양이 없다면 24시간이라는 개념이 이해가 되지 않는다. 현대나 고대 독자들 모두 하루라는 개념이 어떻게 해서 성립되는지를 잘 알고 있기에 '날'(하루)과 '저녁이 되고 아침이 되는'이라는 용례를 이해하기가 힘들다. 그러므로 창조의 일주일 중 중반쯤까지는 논리적으로 24시간이 존재하지 않았지만 그 기사에서는 '날'을 사용해서 '날'이라는 개념을 이입한 것 같다. 그렇다면 창세기 저자가 '날'이라고 말할 때마다 반드시 24시간이라는 하루의 개념과 같은 뜻인지는 불분명하다.

창세기 1장을 끝내며

창세기에 나오는 역사의 첫 장에서 두드러지는 존재가 둘 있다. 첫째는 하나님으로, 당신 자신과는 공동체로 존재하시며, 펼쳐져 있는 우주를 유일무이하게 다스리시는 분이다. 하나님은 모든 것을 창조하셨으며, 하나님만이 창조하실 수 있다. 우주를 지배하시며 인류를 피조물 중에서 당신의 특별한 피조물로 삼으신다. 둘째는 공동체인 인간으로, 만물은 인간과 관련하여 각자의 자리가 정해진다. 우리는 모두 바로 그 하나님의 형상으로 창조되었으며, 그리하여 피조물 가운데 돌봄과 정의를 위임받았다. 하나님은 인간을 통해 일하신다. 이 두 기둥과 나머지 계보가 배경을 형성해서 그 이후의 이스라엘 이야기의 배경으로 녹아들며, 이스라엘 이야기에서 하나님은 인류를 위해 피조물과 (이스라엘이라는) 특정 공동체를 양육하신다.

무엇보다 우리는 의지해야 하는 유일한 분인 하나님이 어떤 분인지를 아는 채로 창세기 1장을 떠나게 되었다. 창조에 얼마나 오랜 시간이 걸렸는지에 대한 논란을 해결할 필요는 없지만, 창세기는 (7일인 일주일로 구분되는) 역사 자체를 하나님이 창조하셨음을 분명히 하고자 한다. 이 시점부터 시작해서 성경에서 우주와 관련하여 이해해야 하는 모든 것은 단순히 그냥 거룩한 존재가 아닌 창조주 하나님과 인간의 관계에서 나온다. 창조를 통해 하나님의 공동체가 인간의 공동체로 범위가 확장된다. 그 사실 하나만으로도 성경의 신학을 이해하려는 모든 노력에 대한 일종의 교점이 될 것이다.

| 읽 어 볼 글 들 |

구약 성경에 나오는, 창조 기사(1:1-2:4)의 활용 예시

- 출애굽기 1장_ 생육하고 번성함
- 신명기 4장_ 피조물로 만든 형상
- 신명기 30:15-20_ 언약의 증인인 피조물

신약 성경에 나오는, 창조 기사의 활용 예시

- 마태복음 19:3-12_ 남자와 여자, 결혼, 고자
- 마가복음 2:23-27_ 창조 사건에서 안식일의 역할
- 요한복음 1:10_ 우주 창조
- 사도행전 4:23-31_ 감사기도
- 사도행전 14:15-18; 17:22-34_ 바울이 창조 사건에 기대어 비유대인들에게 호소

| 생 각 해 볼 질 문 |

01 하나님만이 유일하게 창조적인 존재라면, 그 사실이 창조성과 그분의 형상대로 지음받은 것에 대한 우리의 관점에 어떠한 영향을 미치겠는가?

_____

_____

_____

_____

02 인류는 모든 피조물과의 관계 가운데 존재한다는 말은 무슨 뜻인가?

_____

_____

_____

_____

03 성경의 저자들은 고대 히브리인들이 이성적이기보다는(합리적으로 납득하기보다는) 맹목적으로 신앙이 깊었다고(하나님을 무조건 믿고 신뢰했다고) 가정하는가?

_____

_____

_____

_____

4장

인간은 항상 관계 가운데 있다(2장)

젊은 연인 한 쌍과 탁자를 사이에 두고 마주 앉아서 아내와 나는 우리가 결혼 예비 상담 때 받았던 조언을 그들에게 그대로 전하고 있었다. 상담자들이 우리 눈을 똑바로 바라보면서 진지하고도 자신 있게 말하던 모습이 지금도 떠오른다. "두 분은 서로하고만 결혼하는 게 아니라 서로의 가족과도 결혼하는 겁니다." 그 통찰이 얼마나 실지적인지 알기 때문에 아내와 나는 이 메시지를 자신들이 '독립적으로 결혼을 감행하고 있다'는 낭만적인 개념에 흠뻑 빠진 젊은 연인들에게 계속 전달한다. 결혼 생활에서 '우리 둘뿐'이라는 확신은 잠시 동안만 속기 쉬운 왜곡일 뿐 결국은 현실로 돌아와야 한다. 사실상 아내와 내가 만날 때부터 시작해서 결혼 생활 내내 일어났던 모든 일은 우리의 현재 가족과 장차 이룰 가족과 다 관계가 있었다. 그 당시에는 제대로 인식하지 못했더라도 우리는 남들이나 일들과 **항상 관계되어 있었다.**

창세기 2장의 내용은 너무나 익숙한 데다가 기독교인들의 대화에서 매우 자주 인용되기 때문에 우리는 2장의 영향력에 면역이 생겨서, 성경에서 손꼽히게 예리한 교훈이 몇 가지 나오는 것을 그냥 지나쳐 버린다. 창세기 2장의 이야기는 몸과 영혼으로 구성된 인간의 본질, 결혼에 대한 정의와 청사진, 동물에 대한 인간의 우월성 같은 다양한 주장을 뒷받침하는 데 인용되어 왔다. 심지어 아이들은 남자가 여자보다 갈비뼈가 하나 적은 이유(어쨌든 이것은 사실이 아니다)를 2장의 내용을 들어 설명하기까지 한다. 어떤 면에서 볼 때 인간이라는 존재에 대한 설명은 창세기 2장에서 찾는 것이 맞다. 피조물이 **원래 어떠해야 하는지**를 성경에서 유일하게 생생하게 묘사하는 부분이 이곳이기 때문이다. **창세기 2장은 성경 전체에서 아주 중요한 논거 중 하나가 나오는 부분으로, 예수님의 가르침을 포함하여 성경에서 이어지는 모든 표현과 장면과 명령의 틀을 잡는다.**

> ### 창세기 1장과 2장의 내용은 서로 충돌하는가?
>
> 고대 독자들도 오늘날 우리가 보는 것과 같은 상충된 내용을 알아차렸다고 가정한다면, 창세기 1장과 2장은 양립할 수 없는 두 개의 창조 기사일까? 사실 지오니 제비트가 엄숙하게 '불연속 지점'(points to

discontinuity)¹⁹이라고 일컬은 것이 1장과 2장에 있다고 이해할 수도 있다. 그러나 이 두 창조 기사의 문학 장르가 서로 다르다면, 즉 하나는 계보이고 하나는 서사라면, 우리는 각기 다른 기준으로 이 둘을 평가했을 것이다. 이를테면 내가 어떻게 해서 교수가 되었는지를 설명한다면 나는 일생 동안 겪은 일련의 사건과 내가 선택한 학교 교육을 하나씩 서로 연결하여 되짚으면서 상대방이 내 이력의 내력(lineage)을 볼 수 있게 할 것이다. 하지만 어느 스승님과 나눈 대화를 이야기할 수도 있다. 그 대화 덕분에 내가 이 소명을 추구하게 되었기 때문이다. 빅터 해밀턴이 설명했듯이 창세기 1장과 2장을 "하나는 우주적이고, 하나는 지역적이다"라고 연결할 수도 있다.²⁰ 대다수의 학자들처럼, 해밀턴도 이 두 장이 같은 사건을 각기 다른 관점에서, 다른 장르로 서술했을 수 있다고 생각한다.

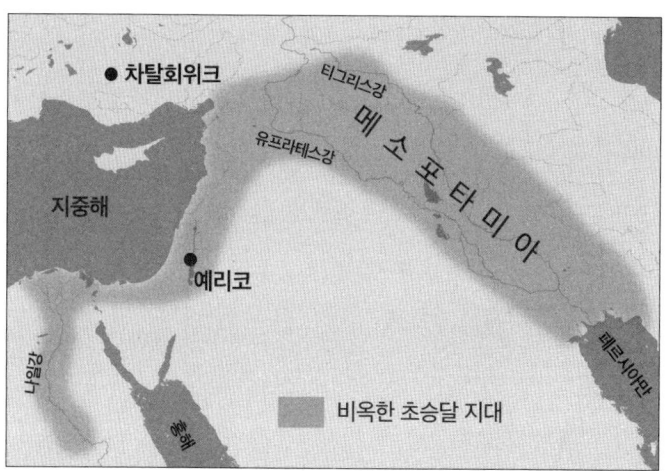

---

19 Ziony Zevit, *What Really Happened in the Garden of Eden?* (New Haven, CT: Yale University Press, 2015), 78.

20 Victor P. Hamilton, *Handbook on the Pentateuch* (Grand Rapids, MI: Baker, 1982), 21.

에덴의 지리와 위치

뻔한 질문부터 시작해 보자. 창세기 2장을 읽을 때 우리는 어디에 있는가? 창세기 2장에 나오는 에덴동산은 특정 장소이지만, 나중에 이스라엘로 알려진 가나안은 아니다. 그보다는 유프라테스강과 티그리스강 사이, 메소포타미아 어딘가에 있을 것이다(메소포타미아는 직역하면 '강들 사이'라는 뜻이다). 오늘날 많은 사람이 에덴을 울창한 열대 밀림 지역으로 생각하지만, 고대 독자들이 그렇게 생각했을 가능성은 전혀 없을 듯하다. 창세기에 소개되는 네 개의 강 중에 우리가 아는 강은 티그리스강과 유프라테스강 둘뿐이며 (2장에 이름이 나오는 다른 지역인) 구스는 서남아시아나 북동아프리카에 있는 지역을 가리킬 수 있기 때문에 에덴의 위치를 정확히 알 수는 없다. 정확한 좌표에 관계없이 고대인들은 사람이 살 수 있는 정원에 있을 법한 다양한 풍경을 에덴이라고 여기며 마음속에 그렸을 것이다.

어쩌면 고대 히브리인들은 바빌론에 있는 도시 정원이나 혹은 과일 바구니 모양의 북부 농경지(현대 이라크의 쿠르디스탄)에 있는 비옥한 과수원을 떠올렸으리라. 후대의 성전 이미지와 성전에 대한 표현과 연관 짓는다면, 이스라엘인들은 분명히 에덴을 꽃으로 장식한 성소로 상상했으며, 그곳에 최초의 남자와 여자가 살고 있고 하나님이 자유롭게 오가셨으리라고 상상했을 것이다. 에덴을 하나님이 경작하셔야 했고 다음에는 사람이 경작해야 했으므로, 크레이그 바르톨로뮤가 우리에게 일깨워 주듯이, 고대인들이 에덴동산을 '자연 그대로의 황무지'로 상상했을 것 같지는 않다.[21]

에덴동산은 **어딘가에** 있었으며, 이 사실이 성경의 장소성에서 중요한 의미를 갖는다. 고대 교부 오리게네스(Origenes)가 에덴동산의 의미를 영적으로 해석하려고 하자, 교회 지도자인 제롬은 에덴이 실제로 존재하는 장소라는 중요한 의미를 오리게네스가 폄하했다며 비난하였다.[22]

창세기 뒷부분에서는 아브라함이 메소포타미아에서 나오는 장면을 그린다. 하나님이 아브라함에게 주겠다고 약속하신 땅에 이집트와 메소포타미아도 포함되어 있다. 땅에 대한 이 약속(그 땅에 정착하고 그 땅에서 쫓겨난다는 약속)은 그 뒤로 구약과 신약에서 이스라엘 이야기의 대부분을 이끄는 동력이다. 창세기 2장 처음에 나오는 이러한 지역적인 창조 기사는 **우리를 확실하게 그 땅과 지도 위에 놓아둔다**(emplace).[23]

---

21 Craig G. Bartholomew, *Where Mortals Dwell: A Christian View of Place for Today* (Grand Rapids, MI: Baker Academic, 2011), 26.
22 Jerome, *Letters*, 51.5.
23 '놓음, 설치'(emplacement)라는 표현과 구약에서 이 표현의 중요성에 대해 다루는 내용은 크레이그 바르톨로뮤의 *Where Mortals Dwell*에서 차용했다.

사람, 진흙에서 취함을 입다

창세기 1장에서 알 수 있듯이 사람은 하나님의 형상대로, 남자와 여자로 만들어진다. 그 짧은 서술 뒤로 창세기에서는 드라마가 펼쳐진다. 초록빛이 전혀 나오지 않는 장면에서 사람이 문자 그대로 '흙에서 취함을 입으며', **하아담**(ha'adam)이라는 칭호로 불린다. 아담이라는 이름으로 잘 번역되었지만, 히브리어 칭호는 사람이 흙, 히브리어로는 **아다마**(adamah)와 밀접하게 관련이 있음을 암시한다. 우리는 '그 아담'을 '그 땅에 속한 존재, 지구인'(earthling)이라고 쉽게 번역할 수 있지만, 그러면 공상 과학 소설의 뉘앙스가 너무 들어간다. 그래서 나는 '그 아담'을 '그 흙에 속한 존재, 흙사람'(dirtling)으로 번역하고자 한다.[24] 그의 이름은 아니지만, 사람이 어디에서 왔으며, 불순종한 후에는 어디로 돌아갔는지를 나타내 주는 명칭이다(3:19). 아담이 흙사람인 이유는 바로 흙에서 취함을 입었기 때문이다.

인간을 만든 이 특정한 이야기에서는 하나님이 **'창조하신다'**(바라)라고 표현하는 대신 흙에서 취해 흙사람(dirtling)을 **'빚으신다'**(야차르)라고 표현한 후 그 사람에게 생기를 불어넣으신다고

---

24 역주- dirtling은 '흙'(dirt)과 '어디에 속한 것'(-ling)을 합쳐서 저자가 만든 단어다. earthling이 지구인이라는 의미가 있으므로 이 책에서는 dirtling의 번역어로 '흙사람'을 사용한다.

묘사한다. 만들어서 생기를 불어넣자 사람이 창세기 1장에 나오는 다른 모든 동물처럼 살아 있는 존재(living being)가 되었다(2:7).[25] **야훼 엘로힘**(여호와 하나님)의 숨결을 우리는 영혼이라고 부르게 되었지만 여기에서는 그렇게 보이지 않는다는 데 주의하라. 하나님의 숨결로 사람에게 생기가 들어가자 다른 여느 생물처럼 사람이 숨을 쉬게 되었다(1:20, 24).

흙사람의 삶을 세 측면으로 규정할 수 있는데 바로 일과 쉼과 음식이다. 하나님이 에덴을 만들고 일구셔서 "보기에 아름답고 먹기에 좋은 나무가 나게"(2:9) 하셨는데, 이 서술이 후에 3:6에서는 아이러니한 서술이 된다. 야훼 엘로힘께서는 사람이 일하도록, 즉 당신이 만들고 일구신 동산을 돌보도록 하신다. 이 일은 아마도 선할 것인데, 야훼 엘로힘께서는 사람이 무엇을 먹어야 하는지와 관련하여 최대한 강력하게 지시하신다. "**각종 나무의 열매는 네가 임의로 먹되**"(2:16).

흙사람이 처음으로 받은 명령은 긍정적이다. "모든 나무의 열매를 먹으라." 그러나 사람의 먹을거리에는 제약 조건이 하나 달려 있다. "선악을 알게 하는 나무의 열매는 먹지 말라 네가 먹는 날에

---

25 역주- 개역개정은 창세기 2:7에서 living being을 '생령'으로 번역하지만, 여기의 '생령'과 창세기 1장에 나오는 '생물'은 모두 히브리어로는 똑같이 '네페쉬 하야'다.

는 반드시 죽으리라." 음식을 풍성하게 주시되 조건을 내거신 경우가 또 있다. 하나님은 이스라엘이 이집트에서 탈출할 때 만나를 주면서 명령하시는데, 양껏 먹되 안식일에 만나를 거두는 것에 대해서 조건을 하나 붙이신다(출 16장). 사람과 피조물의 관계에서 조건을 정하신 근거가 죄에 대한 벌이 아님에 유의하라. 모든 상황이 본래 있어야 하는 대로 있을 때에 일은 선했으며, 하나님이 정하신 규칙이 에덴의 모든 관계를 다스렸다.

다른 주제로 넘어가기 전에, 이 흙사람이 일을 통해서 동산과 관련이 있게 되었다는 데 주목할 필요가 있다. 흙사람은 자신의 식욕과, 조건이 붙은 먹을거리를 자제하는 것을 통해 하나님과 자신의 관계를 규정했다. 칼뱅은 이렇게 추론한다.

> 나무 열매를 맛볼 때마다 [사람은] 자기가 어디에서 생명을 받았는지 기억해야 했다. 그렇게 함으로써 자신의 힘이 아니라 오직 하나님의 자비로 살아간다는 사실과, 생명은 (흔히들 말하듯이) 본질상 선이 아니며 하나님에게서 비롯되었다는 사실을 인정할 수 있었다.[26]

모든 것이 본래의 자리에 있는 것처럼 보인다. 그러나 이 남자의 상황은 '좋지 않았다.'

---

26 John Calvin, *Commentaries on the First Book of Moses Called Genesis*, vol. I, 55.

상대방을 위해 지음받은 남자와 여자

가장 먼저 야훼 엘로힘께서 그 상황을 보시고, 당신과 흙사람이 동산에 함께 있는데도 '좋지 않다'는 놀라운 주장을 하신다(2:18). 야훼 엘로힘께서는 남자의 외로움을 해결해 주고자 하시지만, 단순히 여자를 만들어서 함께 있게 하는 식으로 하지는 않으신다. 남자를 지으셨듯이 흙으로 생물을 '빚으신다'(야차르). 하나님께서 각 생물을 흙사람에게 소개하셨지만, 남자는 자기에게 적합한 짝을 찾을 수 없었다.[27] 하나님이 흙사람의 옆구리에서 여자를 '만들어 내신'(build, 바나) 후에야 우리는 해결이 머지않았음을 알 수 있다. 하나님은 여자를 '창조하거나'(바라) '짓지'(야차르) 않으시고 남자에게서 '만들어 내신다'(바나). 흙사람이 흙에서 취함을 받았듯이 여자는 '남자에게서' 취함을 받았다(2:23). 즉 남자와 여자는 모두 피조물과 다른 누군가와 관계되어 존재한다!

그러면 정확히 무엇이 좋지 않았는가? 이 이야기에서는 남자가 혼자였다는 사실 외에는 아무것도 명확하게 말하지 않는다. 너무 성급하게 결말로 건너뛰지 말자. 하나님이 흙사람이 혼자라고 처음으로 말씀하셨을 때 우리는 그 문제가 어떻게 해결될지

---

27 움베르토 카수토(Umberto Cassuto)는 이 구절을 재귀적으로 번역해서 하나님이 아니라 남자가 찾고 있음을 나타내야 한다고 주장한다. Umberto Cassuto, *A Commentary on the Book of Genesis* (Jerusalem: Magnes, 1961), 133.

알 수 없다. 코뿔소가 그 문제를 해결할 수 있을까? 바늘두더지나 새끼 고양이는 어떤가?

하나님과 그 흙사람이 같이 있었는데도 하나님이 흙사람을 혼자라고 여기셨다는 사실이 놀랍다. 잠시 그 의미를 생각해 보자. 남자는 하나님과 함께 있을 때도, 심지어 동물들과 함께 있을 때조차도 혼자였다. 첫째, 하나님의 말씀에 따르면 남자가 홀로 하나님과 함께 있는 것이 '좋지 않았다.' 하나님은 공동체를 창조하시지, 그분과 개별적으로 연결되는 관계를 창조하지 않으신다. 둘째, 애완동물 애호가들에게는 미안하지만 동물들은 우리의 짝이 될 수 없으며, 혹은 적어도 사람이 응당 해야 하는 것과 비슷하게라도 우리와 공동체를 구성할 수 없다. 남자가 모든 동물과 함께 있을 때에도, 여전히 상황이 '좋지 않았다.'

남자의 '좋지 않은' 상황을 무엇이 해결했는가? 이 흙사람의 홀로 있음의 문제를 해결한 존재는 남자에게서 취함을 받은 여자뿐이었다. 남자가 홀로 있을 뿐 아니라 자신이 혼자라는 사실을 알아야 했다는 점이 더욱 놀랍다. 그 과정의 일부는 남자가 자신이 혼자이며 홀로 있음이 '좋지 않다'는 점을 발견하고 깨닫도록 돕는 역할을 했다.

하나님은 왜 아이들이 인형을 갖고 놀듯이 그냥 여자를 만들어서 그 둘을 결혼시키지 않으셨을까? 왜 동물을 먼저 만드셨을까?

남자에게 동물들의 이름을 짓게 하시지만 왜 알맞은 짝을 찾게는 하지 않으셨을까? 그 이야기에 따르면 흙사람에게는 자신처럼 흙에서 취함을 받은 다른 '생물들'보다 더 알맞은 존재가 필요했다. 자기에게 어울리는 짝이 필요했던 것이다. 야훼 엘로힘께서는 **여자가 남자에게서 취함을 받았기**에 남자의 적합한 짝이라는 사실을 남자가 깨닫기를 바라신 듯하다. 이 이야기의 긴장은 남자가 "드디어! 이는 내 뼈 중의 뼈로다"(2:23)라며 **유레카**를 외칠 때 비로소 해소된다. 칼 바르트가 말하듯이 "전체 이야기의 목표가 이 감탄사에 들어 있다."[28]

남자는 여자를 발견했을 때 공동체를 발견했다. 창세기에 따르면 사람이 가장 먼저 입 밖으로 낸 말은 그 발견을 시 형태로 표현한 말이었다(2:23).

> 드디어!
> 내 뼈 중의 뼈요,
> 내 살 중의 살.
> 남자에게서 취했으니
> 여자라 부르리라.

---

[28] Karl Barth, *Church Dogmatics*, III/1, 291.

가족관계 구축

결혼 예비 상담에서 아내와 나는 결혼할 커플이 생각보다 훨씬 더 많은 일이나 사람과 관계를 맺게 될 것이라고 조언한다. 또 창세기 2장의 마지막에서 "이러므로 남자가 부모를 떠나 그의 아내와 합하여 둘이 한 몸을 이룰지로다"(2:24, 개역개정)라며 거의 툭 던진 것처럼 보이는 이 단순한 발상을 통해 둘의 관계를 살핀다. 아내와 내가 배웠듯이, 두 사람에게 각자 부모님과 예비 배우자의 관계를 냉정하게, 깊이 생각해 보라고 권한다. 우리가 지금 확신하는 이 심오한 통찰에 따르면, 결혼 생활에서 드러나는 문제의 원인은 대부분 부모의 집에서 (감정적으로나 재정적으로, 아니면 요즘에는 육체적으로까지) 떠나오지 못했거나 배우자와 감정적으로나 재정적, 혹은 육체적으로 밀착되지 못했기 때문이다.

남자와 여자가 '한몸'을 이루는 능력은 상호 간의 이러한 '떠남'에 따라 좌우되는 듯하다. 창세기 2:24은 가족과 관계를 딱 끊어 버리고 배우자와 상호 의존적인 관계가 되라는 말이 아니다. 그런 일은 여러 세대가 함께 살던 고대 농경 사회에서는 거의 생각할 수도 없었다. 오히려 이 구절은 새로운 상황이 펼쳐지는 것을 보여 준다. 나중에 '결혼'이라고 불리는 이 관계는 그동안 살았던 서로의 삶과는 무언가 다르다.

남자든 여자든 홀로 존재할 수 없다. 둘은 땅과 상대방과 하나님과의 관계 속으로 각각 들어간다. 시종일관 이 이야기는 사람이 흙에서 취함을 입었든지 남자에게서 취함을 입었든지 간에 늘 관계 가운데 있음을 일깨워 준다. 또 창세기 2장의 논리에 따르면 우리는 남자와 여자의 얽히고설킨 관계를 '심히 좋다'고 해석해야 한다.

벌거벗음

이 이야기는 오늘날까지도 깜짝 놀랄 만한 장면에서 그대로 끝을 맺는다. 남자와 여자가 '벌거벗었다.' '벌거벗은'에 해당하는 히브리어 형용사 **아룸밈**(*arummim*)은 '현명한'이라는 의미인 **아룸**(*arum*)과 발음이 비슷하며, 이 아룸이 바로 다음 절에 나온다. 뜻이 서로 다른데 철자가 비슷하거나 똑같은 단어가 있다. 영어 중에서 생각해 보면 'bow'(머리를 굽히다, 활), 'bass'(최저음, 배스[물고기]), 'duck'(오리, 자맥질하다, 괴짜, 범포[직물], 수륙 양용 트럭), 'fine'(훌륭한, 벌금), 'lead'(이끌다, 납)과 같은 단어들이다. 창세기 저자는 다음 이야기에서 이러한 모호성을 언어유희로 최대한 활용하는 듯이 보인다. 잠언에 이 단어[아룸]의 용례가 가장 많이 실려 있으며, 잠언에서는 지혜로운 이스라엘 백성을 긍정적으로 묘사한다. 잠언에서 묘사하는 현명한(아룸) 남자는 어수룩할 정도로 모든 것을 믿지는 않는다(잠 14:15).

■ '전통적인' 결혼은 어디에서 유래했는가?

하나님은 한 남자가 한 여자와, 원칙적으로 평생 지속되는 결혼 생활을 해야 한다고 구약에서 한 번도 명령하지 않으시며, 신약에서도 거의 명령하지 않으신다. 신약에서는 예수님이 이혼을 반대하며 가르치실 때(마 19:3-9)와 바울이 교회 지도자들을 대상으로 가르칠 때(딤전 3:1-13; 딛 1:6) 그러한 명령이 함축되어 있다. 레위기에서는 용납할 수 없는 성관계를 빠짐없이 나열하면서 이를 금지하지만, 하나님이 어떠한 종류의 배우자와 살라고 명령하시는지에 대해서는 레위기 어디에도 나오지 않는다(레 18:6-23; 20:10-21). 누군가가 솔직하게 "우리가 이성 배우자하고만 결혼할 수 있다는 말씀이 성경 어디에 있습니까?"라고 묻는다면, 이들은 성경에 명령문 형식으로 된 분명한 구절이 있어야 한다는 전제를 깔고 질문하는 것이다. 그렇지만 놀랍게도 성경에는 그러한 명령이 나오지 않는다.

그러나 성경은 이성 배우자와의 결혼을 그저 찬성하는 것을 넘어 **표현할 수 있는 가장 강력한 말로** 찬성하는데, 바로 창조 서사를 통해서다. 레위기에 나오는 모든 성관계는 창세기 2장의 내용을 고려하여 평가된다. 레위기 18장의 성(性)에 대한 가르침을 살펴볼 때, 그 가르침의 전제에 따르면 창세기 2장에서 자기 배우자를 발견하는 남자에 대한 묘사는 결혼 관계의 근본 성격 즉, 결혼 관계가 **마땅히 어떤 모습이어야 하는지**를 가장 확실하게 보여 주는 근거다. 신구약 전체에서 창세기 2장에 나오는 창조 규범은 모든 성관계를 판단할 척도를 제공한다(본서의 9장을 참조하라).

신호탄 두 발이 이야기의 이 지점에서 발사된다. 첫째는 이들의 벌거벗음을 지나치게 현대의 정황으로 해석하지 않도록 주의하라는 신호다. 나는 벌거벗음에 대해, 또 인간의 연약함을 묘사하는 벌거벗음의 역할에 대해 웅변적으로 말하고 싶지만, 벌거벗음과 관련하여 문화적으로 치우친 개념을 그 본문에 주입하지 않도록 자제하기란 쉽지 않다. 둘째는 바로 다음 문장(3:1)에서 다른 형용사(아룸)로 묘사되는 피조물이 하나 나오는데, 그 형용사는 갓 결혼한 부부가 벌거벗었다고(아룸밈) 묘사할 때 사용한 형용사와 발음이 비슷하다는 것이다. 이들의 벌거벗음을 지적할 때 일종의 언어유희가 시작되는 것처럼 보이며, 그 언어유희는 그들의 나체 말고 다른 쪽으로 우리의 주의를 돌리게 하고 있는 중인 것 같다. 이 이야기는 이들의 벌거벗음을 특별히 언급함으로써 곧 새로운 내용이 펼쳐질 것이라는 신호를 보내는 듯하다.

창세기 2장을 끝내며

이 창조의 현장 이야기이자 지역적인 이야기에서 하나님은 손에 흙을 묻히신다. 하나님은 식물을 심으시고 정원을 돌보시며, 흙에서 흙사람을 취하셔서 일하게 하신다. 에덴의 관계적 경계와 도시 환경을 조성하신 후에는 흙사람에게 (남자에게서 취함받은 여자라는) 인간 공동체를 발견하는 과정을 시범적으로 보여 주신다. 이로써 사람과 땅과 피조물이 각자 자리에서 서로 떼려야 뗄 수 없게 묶인다. 일과 쉼과 공동체라는 형태는 하나님이 뜻하신 바 피조물의 존재 방식 중 가장 으뜸이다.

창세기 1장에서 공동체로 나타나신 하나님께서는 이제 그분의 공동체를 인간 공동체의 계획으로 확장하신다. 창세기 1장에서 알게 된 내용에 따르면, 이 인간 공동체는 하나님의 형상을 지닌 자들로 땅을 채우면서 범위를 넓히는 권한도 위임받았다. 그 가장 작은 공동체는 벌거벗었으나 부끄러워하지 않았고, 성장하고 확장할 책임을 맡게 되었다. 우리는 이 사실을 알게 된 채 2장의 이야기에서 떠난다. 이들의 벌거벗음은 곧 뱀의 목소리 때문에 반대의 상태가 된다.

| 읽 어 볼 글 들 |

- 창세기 2장
- 출애굽기 16장_ 한 가지 조건을 제시한 후 먹을거리를 베푸심

| 생 각 해 볼 질 문 |

01 우리는 전통적으로 에덴동산의 모습을 어떻게 그리며 그 이야기를 어떻게 생각해 왔는가?

_____

_____

_____

_____

02 남자와 하나님이 함께 있었는데도 남자가 여전히 혼자이고 좋지 않은 상황이라고 표현한 것이 우리의 개인주의적 영성관에 어떠한 영향을 미칠까? 그리고 공동체와 관련하여 우리에게 무엇을 가르쳐 주는가? 또 우리가 어떻게 지음받았는지에 대해서는 무엇을 가르쳐 주는가?

_____

_____

_____

_____

03 우리의 경험으로 볼 때, 일과 안식일과 먹을거리가 어떻게 해서 우리의 존재를 규정하고, 공동체를 형성하며, 우리를 집중하게 하는가?

_____

_____

_____

_____

04 결혼과 음식, 일과 쉼은 오늘날 우리 생활에 어떻게 얽혀 있는가? 이러한 사항들의 중요한 역할에 관해 창세기 2장은 어떤 방법으로 우리 공동체를 향하여 새롭게 말하는가?

_____

_____

_____

_____

5장

인간이 신뢰의 대상을 바꾸다(3-4장)

그들은 새 시대를 꿈꾸었으니, 새 시대에는 인간의 뒤틀림이 곧 게 펴지며, 울퉁불퉁한 곳이 평평해지리라. 어리석은 자들은 지혜로워지고, 지혜로운 이들은 겸손해지리라.[29]

악한 자들의 꾀를 따르지 않는 사람은 어찌나 행복한지…
오직 야훼의 **토라**(*torah*)가 그의 즐거움이요,
그분의 토라를 주야로 묵상하는도다.[30]

『우리의 죄 하나님의 샬롬』(*Not the Way It's Supposed to Be: A*

---

[29] Cornelius Plantinga, Jr., *Not the Way It's Supposed to Be: A Breviary of Sin* (Grand Rapids, MI: Eerdmans, 1995), 9. 『우리의 죄 하나님의 샬롬』(복 있는 사람, 2017).

[30] 시편 1:1-2.

Breviary of Sin)에서 코넬리우스 플랜팅가는 창조 기사를 일종의 평화의 그림으로 묘사한다. 평화는 성경에서 **샬롬**(*shalom*)이라는 단어로 표현되는데, 플랜팅가는 샬롬을 "있어야 하는 대로 있는 방식"이라고 번역한다. 인간이 에덴에서 실패하고, 이스라엘이 역사상 거듭 실패를 겪은 후에 예언자들은 장차 올 시대는 플랜팅가가 말한 "샬롬 반달리즘"(파괴하려는 경향)에 심하게 손상되지 않으리라 고대했다. 인신매매와 여러 가지 중독, 정부의 부패와 가난의 악순환, 자녀의 출세에 대한 부모의 갈망과 인간의 온갖 추잡한 모습들이 샬롬 반달리즘 아래서 일어난다. 우리는 타락한 인간 때문에 엉망진창이 되고 피폐해진 이 땅을 어떻게 이해했는가? 에덴에서 일어났던 재앙이 보여 주듯이 타락한 피조물의 파괴적 성격 때문에 인간의 육신이, 인간의 관계가, 그리고 땅이 인간을 대적하며 뒤틀려 버린다(3:16-19).

이스라엘의 예언자들은 '새로운 시대'를 꿈꾸면서, 다가올 시대에는 옛 에덴의 목소리와 음색이 울려 퍼지고 만물이 있어야 하는 대로 있으리라고 마음에 그렸다. 사실 성경에 나오는 역사는 하나같이 에덴의 이야기를 상기시키며 다시 들려준다. 신명기에서는 이스라엘이 에덴처럼 풍요로운 약속의 땅에 들어가는 모습을 묘사한다(신 28:1-14). 그리고 사도 요한이 환상 중에 본 마지막 시대는 회복된 에덴과 예루살렘을 합친 시대로 묘사된다(계

21:9-22:5). 에덴이나 에덴과 유사한 곳이 다가올 시대에 우리가 가야 할 목적지일까? 그렇다면 첫 에덴에서 무엇이 잘못되었는지를 기본적으로 이해해야 한다.

뱀의 정체

에덴의 샬롬, 다시 말해 만물이 의도된 대로 있는 방식을 무엇이 파괴했는가? 창세기 3장이라는 드라마에 뱀이 등장하는 장면은 후대의 전통에서 상당히 자주 비난을 받는다. 우리가 뱀과 관련해서 아는 사항은 두 가지뿐으로, 뱀은 다른 짐승들처럼 지음을 받았지만(3:1), 짐승 중에서 가장 '현명했다'(아룸)[31] (또 말도 한다!). 발음이 비슷한 단어인 **아룸밈**이 바로 앞 문장에서는 '벌거벗었'지만 부끄러워하지 않았던 부부를 서술하는 데도 사용되었다는 점을 기억해 두자. 교활하거나 영리하거나 지혜로운 사람을 묘사할 수 있는 다른 단어도 몇 개나 있다. 그래서 바로 앞 문장의 단어와 발음이 너무나도 비슷한 단어(아룸)를 이 구절에서 사용한 것은 우연의 일치를 넘어서는 듯하다. '벌거벗은'(아룸)과 '현명한'(아룸)을 이용한 일종의 언어유희처럼 보이며, 이

---

31 역주- 여기서 저자는 히브리어 아룸의 번역어로 '현명한, 영리한'(prudent)을 사용하지만, 영어 성경 역본에서는 대체로 '교활한'(crafty: ESV, NIV, NASB), '음흉한'(subtle: KJV, ASV)과 같은 부정적인 어감으로 옮겼다. 한글 성경도 '간교한'이나 '교활한'으로 번역했다.

는 뱀이 이 부부가 각자 자기가 벌거벗었다는 것을 알게 하는 역할을 한다는 것에 이목을 집중시킨다. 아이러니하지만 잠언 14:15에서 묘사하는 현명한(아룸) 사람은 모든 것을 그냥 어수룩하게 믿지만은 않으며, 그 자리에서 정확히 일어나고 있는 일만 믿는다.[32]

뱀의 정체는 무엇인가? 우리는 아무것도 들은 바가 없다. 뱀이 어디에서 왔으며 어디로 갔는지 모른다. 일반적인 가정에 따르면 뱀은 욥기 전체에 등장하는 대적(adversary)에 해당하며 나중에 신약에도 등장한다(사탄은 이름이 아니라 '대적'을 뜻하는 히브리어 단어다). 후에 유대 문학에서는 이 이야기를 개작하면서 사탄이 아담의 지위를 질투했다고 밝히며, 코란은 이 내용을 차용한 듯하다.[33] 사탄의 시샘은 후대 유대교가 이렇게 해석하는 원동력이 되었다. 그러나 창세기 자체에서 뱀은 아담과 그 아내에게 열매를 먹으라고 설득한 문장 두 개를 빼면(3:2, 4) 아무 말도 하지 않은 채 그대로 있는 수수께끼 같은 등장인물이다. 이 중대한 이야기 안에는 뱀과 관련해서 말할 수 있는 내용이 별로 없기에

---

32 역주- 개역개정은 이 부분을 이렇게 번역한다. "슬기로운 자는 자기의 행동을 삼가느니라"(잠 14:15b).

33 1세기의 *Life of Adam and Eve* 13:1-14:3과 7세기의 코란 2:34, 15:28을 비교해 보라. Gary A. Anderson, *The Genesis of Perfection: Adam and Eve in Jewish and Christian Imagination* (Louisville, KY: Westminster John Knox Press, 2001), 25-27.

인류 타락의 책임을 오로지 뱀에게만 돌릴 수도 없다. 아마도 그 책임은 이 부부에게, 그중에서도 주로 남자에게 물을 수 있으리라.

에덴에서는 정확히 어떤 문제가 생겼는가?

수수께끼 같으면서도 말도 할 줄 아는 이 뱀에게만 책임이 있지 않다면, 부부는 언제 처음으로 죄를 지었는가?

- 여자가 뱀에게 귀를 기울였을 때인가?
- 여자가 하나님의 명령에 은근슬쩍 살을 붙여서 말했을 때인가?("…너희는 먹지도 말고 만지지도 말라 너희가 죽을까 하노라"[3:3, 개역개정])
- 여자가 그 지혜를 주는 열매를 탐냈을 때인가?
- 여자가 그 열매를 땄을 때인가?
- 여자가 그 열매를 먹었을 때인가?
- 남자가 **내내 거기에 서 있다가** 그 열매를 먹었을 때인가?

죄를 단순히 **우리가** 저지른 일로 전제하면서 이렇게 질문한다면, 그 이야기가 우리의 관심을 에덴에서 발생한 죄에 대한 하나님의 평결에 집중시키려고 한다는 사실을 알아차리지 못하게 된다. 하나님은 무엇이 잘못되었는지 진단하실 때, 어떤 성향에 주목하신 다음에 그 성향에 뒤따르는 행동에 주목하신다. 하나님이 책임 소재를 분명히 말씀하시는 곳이 딱 한 번 나오는데 거기에서는 남자에게만 책임을 물으신다.

> 그분이 흙사람에게 말씀하시기를, 네[남자]가 네 아내의 말에 귀를 기울였고, 내가 너에게 "너[남자]는 그 열매를 먹어서는 안 된다"라고 명령한 나무에서 따 먹었으므로 너 때문에 흙이 저주를 받으리라(3:17).

하나님의 말씀에 따르면 무엇이 잘못되었는가? 여자는 뱀의 목소리에 귀를 기울였고, 남자는 그녀의 말에 귀를 기울였다. 이로써 하나님이 남자가 숨어 있는 것을 발견하신 후 (여자가 아니라) 남자에게 "누가 너[남자]의 벗었음을 네[남자]게 알렸느냐"라며 이상한 질문을 하신 이유가 밝혀진다. 하나님의 진단에 주목하라. 흙사람은 잘못된 목소리에 귀를 기울였다.

창세기에서는 서로 다른 사람들을 등장시켜서 동일한 이야기를 적어도 두 번 이상 다시 말하게 한다. 예를 들자면, 아브람이 하나님께 자손이 별처럼 많으리라고 약속받은 직후에 사라가 자기 여종 하갈을 **취해서** 아브람에게 **주자** 아브람은 "아내의 목소리를 들었다"(16:1-3). 하나님에게서 "큰 자가 어린 자를 섬

기리라"라는 말씀을 들은 리브가는 에서의 옷과 스튜를 **취해서 야곱에게 주어** 눈이 어둡고 나이 든 남편 이삭을 속이려고 했다. 야곱이 의문을 제기하자 리브가는 "내 말을 들으라"라고 명령하면서 야곱을 가르친다(27:8, 15-17). 아내가 열매(fruit)를 **취해서 남편에게 주었듯이**, 사라가 아이를 잘 낳는(fruitful) 하갈을 **취해서 아브람에게 주자, 아브람이 아내의 말을 듣는다.** 그와 대조적으로, 요셉은 비뚤어진 욕망을 품고 자기에게 '날마다' 성욕을 느끼는 인물과 맞닥뜨리는 최초의 등장인물이다. 이 부분에서 창세기는 요셉의 확실한 반응에 주목한다. "그는 여자에게 귀를 기울이려고 하지 않았다"(39:10).

놀라울 수도 있지만, 하나님은 열매를 먹은 것이 문제가 아니라 **남자가 신뢰의 대상을 여자로 바꾼 것이** 문제라고 진단하셨다. 그 여자는 암묵적으로 뱀에게 귀를 기울이고 있다. 바울이 디모데에게 말하듯이 여자가 먼저 속았으며(딤전 2:14), 여자는 유일하게 하나님이 먹지 말라고 하신 나무 열매를 아이러니하게도 "먹기에 좋고 보기에 좋다"는 이유로 몹시도 원했다(2:9과 3:6을 비교하면 이 아이러니를 확인할 수 있다). 여자는 뱀의 목소리에 귀를 기울였고 뱀의 해석을 통해서 열매를 바라보았기 때문에 속고 말았다. 흙사람이 더 생각해 보지도 않고 여자와 함께 열매를 먹었을 때 이들의 실패는 돌이킬 수 없는 지경에 이르렀다.

선악에 대해 이들은 무엇을 알게 되었는가? 그 나무에서 얻은 앎의 성격을 놓고 학자들과 목사들은 여전히 논쟁 중이지만, 그 이야기 자체에서는 '선악에 대한 앎'의 성격을 전혀 탐구하지 않는다. 어떤 이들은 그 지식이 전지(全知)나 도덕적 앎이라고, 혹은 누군가는 사춘기를 거쳤다는 의미라고까지 주장한다. 그러나 그 이야기에서는 남자와 여자의 새로운 앎의 한 측면만 말해 줄 뿐이다. "그들은 자기들이 벌거벗은 줄을 알게 되었다"(3:7).[34] 이 앎이 어떠한 종류이든지 간에, 창세기 3장에서 초점을 맞추는 질문은 따로 있다. 이들이 어쩌다가 선악에 대한 앎에 이르게 되었는가 하는 질문이다. 하나님은 흙사람에 대한 기소장에서 이 질문에 분명하게 답하신다. "네가 그릇된 음성에 **귀를 기울였기 때문이다**"(3:17).

---

[34] 구약 전체에서 '선악에 대한 지식'이라는 구절의 또 다른 용례는 신명기 첫 부분에서 모세가 이스라엘의 잘못을 되새길 때 유일하게 나온다. 이스라엘의 자녀들에게는 "선악에 대한 지식이 없었다"(신 1:39). 그 문맥에서 분명하게 언급하듯이 이스라엘의 자녀들은 아직 하나님의 권위를 거부하지도 않았고 하나님에게 반역하지도 않았다. 따라서 선악에 대한 지식이 없었다는 말은 그것이 일종의 지식인 것만큼이나 하나님을 향한 사람의 성향과도 관련이 있다는 뜻이다. 사람이 이 지식에 대해 어떻게 생각하든지, "보라 이 사람이 선악을 아는 일에 우리 중 하나같이 되었으니"(3:22, 개역개정)라고 하신 하나님의 의견에 딱 들어맞기는 어렵다.

뱀이 거짓말을 했는가?[35]

뱀은 세 가지를 예견했다. 1) 남자와 여자는 열매를 먹은 날에 죽지 않을 것이며, 2) 눈이 밝아질 것이며, 3) '하나님처럼' 선악을 알게 될 것이다. 첫째, 이들은 열매를 먹은 직후에, 하나님이 말씀하신 대로 '그날에'는 죽지 않았다(2:17). 즉 '날'은 여기에서 순전히 비유적인 표현이다. 창세기가 전하듯이 남자는 9세기(900년) 이상 살았다. 둘째, "두 사람은 눈이 밝아져 자기들이 벗은 줄을 알게 되었다"(3:7). 셋째, 하나님은 이 모든 일에 응답하시면서 "보라 이 사람이 선악을 아는 일에 우리 중 하나 같이 되었다"(3:22)라고 말씀하신다.

뱀이 말한 내용이 다 그대로 실현되었다. 이것이 무슨 뜻인가? 누군가에게 권위 있는 지식이 있을지라도 반드시 그의 목소리에 귀를 기울여야 하는 것은 아니라는 것이다. 후에 모세가 가르침을 주면서 경고했듯이, 예언자가 이적과 기사를 행하여 이스라엘에게 진짜라고 인정을 받았더라도 그는 이스라엘을 하나님에게서 떠나게 하려는 듯이 말하거나 실제로 떠나게 하는 일에 앞장설 수도 있다(신 13:1-5; 18:15-22). 따라서 뱀처럼 권위 있게 해석한다고 해서 그 사람의 말을 반드시 경청해야 하는 것은 아니다.

그들이 쫓겨난 이유

야훼 엘로힘께서는 이 부부를 동산 밖으로 내쫓으신 다음에 무장한 **그룹들**(cherubim)로 동산을 지키게 하셔서 이들이 다시 들어올 수 없도록 막아 버리셨다. 그런데 그룹들은 하늘의 피조물이지 땅의 피조물이 아니다. 땅에서 이들이 유일하게 등장하는 곳은 법궤와 성전, 즉 하늘과 땅을 연결하는 지점이다. 이 추방이

---

[35] R. W. L. Moberly, "Did the Serpent Get It Right?", *Journal of Theological Studies* 39.1 (1988): 1-27.

평범한 추방이 아니라는 근거는, 하나님이 땅에서 사람에게 직접적으로 임재하시는 데서 물러나셨음을 암시하기 때문이다.

창세기 뒤쪽을 보면, '사자(使者)들', 흔히는 '천사들'이라고 번역되는 이들이 아브라함을 찾아오는데, 이들은 종종 땅에서 하나님을 대신해서 인간에게 말을 전하는 임무를 맡은 피조물이다(18장). 아브람이 보게 될 화로와 횃불은 하나님의 임재를 나타내며, 아브람이 하나님께 약속의 땅을 반드시 받으리라는 보장이다(15:17). 아브라함의 손자 야곱이 보게 될 환상에서는 꼭대기에 하나님이 서 계시는, 하늘까지 닿아 있는 사다리를 사자들/천사들이 오르락내리락할 것이다(28:10-13). 모세 시대가 되어서야 우리는 출애굽 이후로 불과 구름 가운데 강림하셔서 시내산에, 회막에, 마침내는 언약궤 윗부분 그룹 모양의 왕좌에 머무시는 하나님의 임재를 보게 된다.

에덴을 지키는 그룹들은 단순히 무장한 경비원들을 나타내지 않는다. 이들은 하나님의 임재가 하늘로 물러나기 시작했으며, 사자들/천사들을 통해야 하는 중재적인 임재가 땅에 있음을 나타내는 표시다. 나중에는 이스라엘 사람들이 육신적으로 하나님께 다가가려면 그들과 하나님을 중재해 주는 제사장이 있어야 했고, 의식(儀式)적으로도 깨끗해야 했지만, 창세기에서는 하나님이 사자들을 통해 사람에게 다가오신다.

추방이 벌을 나타내는 경우가 이번이 끝은 아니다. 거룩함이 이스라엘의 삶을 좌우하는 역할을 하리라고 생각해 보면 알 수 있듯이, 에덴에서 일어난 이 최초의 추방은 결국 그 추방이 마침내 해결되는 일, 즉 나사렛 예수 그리스도의 오심과 연결된다. 바울과 마찬가지로(엡 1:7-10) 사도 요한이 땅에서 기대한 샬롬은 하늘에 계신 하나님에게서 인간이 쫓겨났던 일을 바로잡을 때 회복된다. 하늘이 내려와야 하며, 예루살렘과 에덴이 융합되어 창조되어야 한다.

> 또 내가 보매 거룩한 성 새 예루살렘이 하나님께로부터 하늘에서 내려오니 그 준비한 것이 신부가 남편을 위하여 단장한 것 같더라 내가 들으니 보좌에서 큰 음성이 나서 이르되 보라 하나님의 장막이 사람들과 함께 있으매 **하나님이 그들과 함께 계시리니** 그들은 하나님의 백성이 되고 하나님은 친히 그들과 함께 계셔서(계 21:2-3, 개역개정)

> 또 그[천사]가 수정 같이 맑은 생명수의 강을 내게 보이니 하나님과 및 어린 양의 보좌로부터 나와서 길 가운데로 흐르더라 강 좌우에 생명나무가 있어 열두 가지 열매를 맺되 달마다 그 열매를 맺고 그 나무 잎사귀들은 만국을 치료하기 위하여 있더라(계 22:1-2, 개역개정)

인류에게 메아리치다

인간의 과오는 곰곰이 생각해 볼 가치가 있으며, 하나님의 백성이라면 누가 우리를 지도해야 하는지를 분간해야 할 필요와 관련이 있다. 에덴 이야기가 경고하듯이, 하나님의 질서 가운데에 있는 세상에서도 권위 있는 목소리가 불쑥 들어오기 마련이다. 그 목소리에 주의를 기울여야 하는지를 판단할 책임은 흙사람에게 있었다. 다시 말해 에덴에도 상충하는 목소리가 있었다면 우리 세계에도 우리가 귀를 기울이지 말아야 할 목소리가 가득하리라고 예상해야 한다. 우리는 항상 누군가에게 귀를 기울이기 마련이므로, 귀 기울일 만한 사람이 누구인지 분간할 책임이 이스라엘과 우리에게 있다. 신학자 트레버 하트가 이를 적절하게 표현했다.

> 우리가 내려야 하는 결정은 그와 같은 목소리에 우리가 순종할지의 **여부**가 아니다. 우리는 **어느** 목소리에 순종할지, 어느 순간과 상황에서 그 목소리가 우리에게 말하고 있는 내용에 이의를 제기할 수 있다고, 혹은 제기해야 한다고 생각할지를 결정해야 한다.[36]

---

36 Trevor Hart, *Faith Thinking: The Dynamics of Christian Theology* (London: SPCK, 1995, repr., Eugene, OR: Wipf & Stock, 2005), 177.

저주의 결과

뱀은 흙을 먹는 저주를 받았으며, 이 먹이는 이제 흙사람의 돌이킬 수 없는 운명을 상징한다(즉 "흙으로 너[흙사람]는 돌아가리라"[3:19]). 하나님은 뱀과 여자의 '자손'이 서로 적이 되리라고 말씀하셨다(3:15). 따라서 이들이 열매를 먹던 그날에, 뱀은 죽음을 먹이로, 그리고 인류를 오랜 시간의 대적으로 물려받았다.

여자는 올바른 관계가 일그러지고 왜곡될 수밖에 없는 저주를 받았다. 출산의 고통으로 인해 아이와 여자의 몸 사이의 관계가 일그러졌다. 이제 여자를 지배하는 것처럼 보이는 갈망이 남편과의 관계를 이끌어 갈 것이다.[37] 이러한 두 측면, 즉 여자에게 적대적이 된 몸과 결혼 생활만 보아도 인류 전체에 고착되어 버린 듯한 미래의 갈등이 예견된다.

비옥하도록 창조된 것이 남자에게 등을 돌릴 것이다. 그리고 노동이 고생스러워졌다. 이것은 본래 선하게 창조된 것이 타락해 버렸음을 암시한다. 그러한 타락은 피조물이 선한 용도로, **샬롬**으로 회복될 수도 있음을 암시한다. 피조물이 타락했다는 것은 실재가 타락하지 않은 형태로 존재했었음을 전제로 하기 때문이다. 그러므로 성경의 구속 이야기에서 정사와 물질계와 뒤틀린 관계에서 타락을 발견한다는 것은 그러한 사항들의 회복을 기대할 수 있음을 의미한다.

---

[37] 영어 성경 역본은 창세기 3:16을 대체로 "네 갈망이 네 남편을 향하겠으며, 그가 너를 다스리리라"로 번역한다. 그러나 "네 갈망이 남편을 향하겠으며, 그것[그 갈망]이 너를 다스리리라"로 번역할 수도 있다. 이렇게 하면 다음 장에서 가인에게 사용된 평행 표현이 더 잘 이해된다. "죄가 네 문 앞에 웅크리고 있으면서 너를 차지하려고 갈망하지만, 너는 그 죄를 다스려야 한다"(4:7). 이 번역에서 볼 수 있듯이 가정 내에서 남편이 가진 권위를 굳이 여자가 받은 저주로 이해할 필요는 없다. Robert I. Vasholz, "'He (?) Will Rule over You': A Thought on Genesis 3:16", *Presbyterion* 20, no. 1 (1994): 51-52. 창세기 3장에서 남편의 머리 됨의 증거를 찾으려면, 하나님이 남자만 부르시며(3:9), 부부가 숨어 있음을 아셨을 때도 남자에게만 말씀하시고(3:11), 주신 명령을 남자에게만 언급하시며(3:17), 모두 남성 단수로 말씀하신다는 사실만 고려하면 된다. 하나님이 분명하게 주장하시듯이 에덴동산에서 일어난 모든 일에 대해서는 특히 남자가 책임을 져야 한다.

시편 1편의 선견지명이 다시 우리에게 도전한다. 복 있는(혹은 행복한) 사람은 도덕적이거나 강직한 사람이 아니다. 악인들의 목소리를 생명을 주는 스승의 목소리와 구별하기 위해 하나님의 명령, 즉 하나님의 토라(율법)를 밤낮으로 묵상하는 사람이다.

목소리를 분별하는 일은 오늘날 우리가 맞서야 하는 큰 도전이다. 대중 매체에서 각 가정으로 유입되는 조언들이 흘러넘치고, 사회적 압력이 이제는 휴대 전화를 통해 전자 방식으로 전달되고 있는데(예를 들어 이메일과 소셜 미디어), 귀 기울이지 말아야 하는 목소리를 어떻게 분별할 수 있을까? 기술이 발전하더라도 그와 같은 사안과 관련된 일반적인 지침은 달라지지 않는다. 창세기에서 배우듯이 하나님이 우리를 위해 세상을 창조하셨지만, 우리와 관계가 있는 모든 선한 것은 왜곡되거나 타락할 수 있다.

따라서 그와 같은 목소리가 들리면 우리는 우선 방어 태세를 갖추고 이렇게 질문해야 한다. 이 사람/대중 매체는 피조물을 유익하게 사용하라고 호소하고 있는가, 아니면 피조물을 타락하게 하는 쪽으로 확 잡아당기고 있는가? 예를 들어, 상품을 판매하려고 가족과 친구들을 일종의 네트워크로 이용하게 된다면 먼저 그 일의 적법성을 진지하게 살펴보아야 한다. 선하게 창조된 가족과 공동체를 파괴할 가능성이 있기 때문이다. 두 번째로는 자신에게 따져 물어야 한다. 선하게 창조된 내 소원이 이 사람(대중 매체)의 호소 때문에 타락할 가능성이 있지는 않은가? 경제생활을 하며 살아가려면 어느 정도는 돈이 필요하다. 그러나 돈을 더 많이 벌자고, 실소득을 늘리자고, 그러면 자신과 가족을 위해 돈을 더 여유롭게 쓸 수 있으리라는 호소를 들을 때 나는 어느 지점에서 솔깃해지는가? 세 번째 질문에는 품이 좀 더 많이 든다. 이 사람(대중 매체)이 주장하는 권위는 성경의 전반적인 가르침에 꼭 들어맞는가?

이 일이 더 복잡하게 느껴지는 이유는 어느 것이 적절한지를 분별할 수 있을 정도로 우리가 성경에서 되풀이하는 기본 가르침을 잘 알아야 하기 때문이다. 그런데 바로 이것이 하나님이 이스라엘에게 늘 요구하시던 일이다. 하나님은 훗날에 예언자들을 평가할 잣대를 제공하시면서 (이적과 기사로 증명된) 진짜 예언자들을 보내시겠지만 이들이 이스라엘을 악한 길로 이끌 것이라고 단언하셨다(신 13:1-3). 하나님은 이스라엘 백성이 예언자의 입에서 나온 말이 하나님이 주신 말씀인지 아닌지 분간할 수 있기를 기대하셨다(신 18:15-22). 이적과 기사를 행한다고 해서 진짜 예언자가 되지는 않는다는 데 주의하라. 이스라엘의 그 예언자가 모세의 **토라**(율법)에 따라 백성을 가르치는지를 분별해야 한다. 예수님조차 당신을 토라와 긴밀히 연관 지으시면서 예언자들에 대한 모세의 가르침에 주의를 기울여야 한다고 지적하셨다(마 5:17-20; 눅

24:27). 사도행전에서 베뢰아 사람들을 '더 너그럽다'고 칭찬하는 까닭은 그들이 바울의 설교를 듣고서 '이것이 그러한가 하여' 성경(토라와 예언서들)을 살펴보았기 때문이다(행 17:11).

어느 목소리에 귀를 기울이느냐에 따라 우리가 하나님 나라를 얼마나 잘 알게 될지가 결정된다. 인류의 맨 처음 이야기에서도 하나님의 목소리에 귀를 기울이는 일이 사람에게 가장 중요한 과제라는 사실에 초점을 맞춘다. 에덴에 있던 남녀처럼 이스라엘도 하나님의 목소리를 분별하고 그것에 귀를 기울이는지 아니면 다른 어느 목소리에 더 귀를 기울이는지에 대해서 거듭 판단을 받을 것이다.

성관계와 소망

그 저주에 담긴 둘째 의미가 우리를 가인과 아벨의 삶으로 데리고 들어간다. 창세기 4장에서 우리는 처음으로 장래 세대를 향한 소망을 품게 되지만, 구약 성경은 창세기 4장에서 마지막에 이르기까지 그 소망을 철저히 짓밟을 것이다.

다음 이야기는 일과 재미를 아무렇지도 않게 결부하듯이 '앎'이라는 개념에 성적인 의미를 부여하며 시작한다. "또 그 흙사람이 그 아내를 알게 된 후에 아내는 가인을 낳았다"(4:1). 가인이라는 이름은 '얻다'에 해당하는 히브리어와 발음이 비슷했을 것이다. 다음 아이는 **아벨**(헤벨, *bebel*)이라고 이름 지었는데, 이브는 아벨이라는 이름에는 아무 의미도 부여하지 않는다. 이 이야기에서는 전혀 설명하지 않지만 히브리인이라면 누구나 알 수 있듯이 아벨은 안개처럼 헛되거나 덧없거나 쉬이 사라지는 무언가를 의미한다(널리 알려진 용례로는 "헛되고 헛되며 헛되고 헛되니 모든 것이 헛되도다"[전 1:2, 개역개정]가 있다). 이 의미는 이 드라마에서 아벨이 맡은 안개처럼 헛된 역할을 잘 묘사한다. 가인이 아벨을 죽인 후에, 성관계가 다시 이야기에 잠시 끼어든다. "[가인이] 그 아내를 알게 되자 아내가 임신하여 에녹을 낳았다"(4:17). 곧이어 우리가 희망을 품을세라 에녹의 후손인 라멕이 가인과 완전히 똑같은 살인자라는 사실이 드러난다(4:23-24).

아벨은 남자와 여자에게서 태어난 아들 중에서 우리가 인류의 미래에 대해 소망을 품을 수 있게 해 준 유일한 아들이지만 살해당하고 말았다. 설상가상으로 살인자에게서 살인하는 자손들이 태어나고 있다. 어떻게 보면 마지막에 나오는 성관계에서 흙사람의 새로운 혈통이 태어난 덕분에 우리는 걱정을 덜게 된다. "그리고 그 흙사람이 다시 그 아내를 알게 되자 아내가 셋이라고 이름 지은 아들을 낳았다." 이브가 설명하듯이 셋은 안개처럼 헛된 아벨을 대신하여 하나님이 '주신' 아들이다(4:25).

> ### 성관계와 앎
>
> 창세기 4장에서 **'알다'**(야다, yada)는 출산을 목적으로 하는 성관계를 의미한다. '알다'라는 단어는 지금까지의 이야기에서 두드러진 역할을 했다. 창세기 3장에 나오는 드라마는 '선과 악에 대한 앎'에 의해 내용이 좌우된다. 열매를 먹은 후에 이들은 자신들의 벌거벗음을 **알게 되었고**, 선과 악을 **아는** 일에서 하나님처럼 되었다. '알다'의 각기 다른 용례를 아울러 보면 '알다'는 '그것에 가까이 다가가다'와 비슷한 의미다. 이 단어는 늘 긍정적인 의미로 사용된 것은 아니다. 소돔과 고모라에서 동네 사람들은 롯에게 온 손님들을 찾으면서 집을 둘러싸고 모여서 "그들을 우리가 **알 수 있도록** 우리에게 이끌어 내라"라고 요구했다(19:5). '알다'에 성적인 의미가 들어 있기에 우리는 이들이 하나님의 사자들과 다과를 나눌 계획으로 찾아온 것은 아니었으리라고 추정할 수 있다.
>
> 더욱이 앎은 '더 가까이 다가감'을 뜻하기에 인간이 하나님 앞에서 쫓겨난 일은 인간에게 너무나 큰 고통을 준다. 하나님에 대한 앎이 줄어들 것이기 때문이다. 이는 성막의 역할을 설명하는 데도 도움을 준다. 성막은 하나님께 물리적으로 더 가까이 다가갈 수 있게 해서 이스라엘이 하나님을 알도록 해 주었다. 이스라엘이 성전에 가져온 **'제물'**(코르반, qorban)이라는 단어의 어근을 직역하면 '가까이 오다'라는 뜻이다. 헌물 덕분에 이스라엘 백성은 하나님에게 물리적으로 가까이 다가갈 수 있었다.

출산을 위한 성행위 세 건이 이 이야기의 흐름에 끼어들어서 (4:1, 17, 25), 어느 혈통에는 우리가 소망을 둘 가치가 있지만, 다른 혈통은 적어도 잠정적으로는 그렇지 않다고 넌지시 말해 준다. 이것이 창세기 전체의 주제가 될 텐데, 노아에게서 시작한 혈통은 궁극적으로 한 자손만 그 뒤를 이었으며, 다른 자손들은 잇지 않았다. 예를 들면 창세기는 다음과 같은 혈통을 따른다.

- 가인이 아니라 셋
- 라멕의 다른 '자녀들'이 아니라 노아
- 야벳과 함이 아니라 셈
- 롯이 아니라 아브라함
- 이스마엘이 아니라 이삭
- 에서가 아니라 야곱

가인과 아벨로 돌아가 보면, 두 사람은 각자의 직업으로 구분할 수 있다. 가인은 흙사람인 자기 아버지를 이어서 하나님처럼 또 그 아버지처럼 농사일을 한다. 아벨은 잘 설명할 수는 없지만, 가축을 길렀다는데 어떤 직업이었는지 지금까지도 잘 알 수가 없다. 가인과 아벨은 각자 자기 직업에서 얻은 풍성한 산물을 제물로 드린다. 하나님께서 아벨은 좋아하시지만 가인은 좋아하지 않으신다는 점이 처음에는 공평해 보이지 않는다. 그러나 이 이야기의 초점이 아벨이 아니라 가인에게 있다는 데 주목하라.

철학자 엘레노어 스텀프는 이 본문에서 가인에게 맞춘 초점을 따라가면서 우리 개개인을 위하여 하나님이 가지고 계신 영원하신 계획을 설득력 있게 논증한다.[38] 그 이야기에서 스텀프는 이렇게 질문한다. "하나님은 가인을 위해서는 그렇게 많은 일을 하시

---

38 Eleonore Stump, "The Problem of Evil", *Faith and Philosophy*, vol. 2, no. 4 (Oct 1985): 392-423.

면서 아벨을 위해서는 도대체 왜 아무것도 하지 않으시는가?" 하나님은 가인에게 말씀하시고, 가인에게 죄를 경고하시고, 가인이 쫓겨나서 떠돌아다니게 된 후에는 특별한 표를 주셔서 그의 생명을 보호해 주신다. 스텀프는 하나님이 아벨을 위해서 아무 일이라도 해 주셨더라면 아벨이 살아남았을 것이라고 한다. 그러면 하나님은 왜 가인에게는 간곡히 부탁하시고 가인을 보호하시면서 아벨이 살해당할 때는 그저 지켜보기만 하셨을까? 스텀프의 주장에 따르면 이 장면에서는 하나님과 함께하는 안전한 미래가, 그 세부 내용이 끔찍하더라도, 어떤 모습인지를 어렴풋이 보여 준다. 하나님은 아마도 가인에게 마음이 더 쓰이셨을 것이다. 하나님이 제물을 거절하시자 가인이 살인으로 반응했기 때문이다. 아벨은 하나님 쪽을 향하고 있었던 듯하기에 하나님은 아벨의 편을 들기 위해 말참견을 하실 필요가 없었다. 그러나 가인에게는 문제가 많았고 그 마음속에 살인 욕구가 스며들었다.

그래서 하나님은 가인을 살인의 길에서 돌이키고자 개입하셔야 했지만, 그러한 개입이 가인에게는 아무 소용이 없었다. 레온 카스가 말하듯이 "가인이 만난 하나님은 그가 기대하던 신이 아니었다. 하나님은 단순히 비를 내리게 하거나 농작물을 자라게 하는 일만 하시는 분이 아니었으며, 생명과 (경쟁자를 포함하는) 각 사람과 정의를 보살피시는 신이었다.[39]

가인의 아내는 어디에서 왔는가?

창세기에 따르면 남자와 여자**만** 있었는데 어떻게 해서 전체 인류의 문명으로 확대되었는가? 더 나아가, 가인이 아벨을 '들에서' 죽였다는 표현은 문명이 이미 존재했음을 암시한다. 성경에서 '들에서'는 '성에서'의 반대 표현으로 쓰이기 때문이다. 이 사람들은 어디에서 왔는가? 월터 모벌리가 우리와 같은 현대 독자에게 알려 주듯이 고대 독자 대부분은 "가인과 아벨 이야기의 세부 묘사를 볼 때 성경이 더 넓은 인간의 역사를 알고는 있었지만 말하지 않기로 했다"는 사실을 대번에 알아차렸을 것이다.[40] 이 부분에서 저자는 성경의 많은 부분에서 그러하듯이, 무언가의 존재에 경의를 표하기는 하지만 독자의 관심을 다른 쪽으로 집중하게끔 하고 있다. 이것이 단순한 책략이라면 다른 민족이나 문명이 있을 가능성을 인정조차 하지 않으려고 조심할 것이다. 모벌리가 지적하는 대로 창세기 저자는 이야기의 범위 너머에 존재하는 문명을 자기가 알고 있다는 것과, 그 문명에 대해 일부러 말하지 않기로 했다는 것을 독자에게 알려 준다.

추방, 그리고 타락한 인류

에덴에서의 실패가 옛 인류 속으로 어떻게 퍼져 나가는가? 가인과 아벨 이야기가 일종의 새로운 시작이 아님이 이제 분명해졌다. 창세기 4장에 나오는 추방과 저주에는 좌절과 질투의 의미가 담긴 듯이 보인다. 그렇지만 우리가 또 보듯이 하나님은 사람들이 해를 끼치려고 모의하는 일에도 개입하신다. 하나님의 행동이 이런 식으로 이렇게 시작되기 때문에, 솔직히 말해 얼떨떨하다.

---

39 Leon R. Kass, *The Beginning of Wisdom: Reading Genesis* (Chicago: University of Chicago Press, 2003), 135.

40 R. W. L. Moberly, *The Theology of the Book of Genesis* (New York: Cambridge University Press, 2010), 26-7.

가인에게 살인 의도가 있는데도 하나님은 아벨이 아니라 가인을 위해서 관여하신다. 알버트 월터스의 이른바 창조의 구조/방향 관점을 하나님이 견지하시는 듯이 보인다. 즉 인간과 우주의 구조는 선하지만, 만물이 하나님의 뜻을 거스르는 쪽으로 향할 수 있다. 힘을 쟁기질을 하는 데 사용할 수도 있지만 형제를 몽둥이로 때려죽이는 데 사용할 수도 있다. 이메일을 직원을 격려하는 데 사용할 수도 있지만 살해 협박을 하는 데 사용할 수도 있다. 성관계로 인해 부부 사이가 친밀해질 수도 있지만 단순한 쾌락을 위한 포르노그래피의 재연이 될 수도 있다. 추방과 에덴의 저주 때문에 창조는 완전히 "**비정상적이거나 병들거나 병약하거나 … 역기능적이거나 적응하지 못하거나 병적인**"[41] 방향으로 향한다. 암과 같은 성향이 우주를 관통한다. 밝혀진 대로 암세포는 인간의 정상 체세포이지만(구조) 인간의 몸에게서 등을 돌린 후 **다른 세포들도 똑같이 등을 돌리도록 한다(방향)**. 성관계, 음주, 희생 제사, 예술 등등 다양한 주제에서는 흔하게 일어나는 일이지만, 성경 저자들은 거듭거듭 이 원칙으로, 즉 남용이 있다고 해서 적절히 사용하는 사례가 없다는 뜻은 아니라는 원칙으로 돌아온

---

41 Albert M. Wolters, *Creation Regained: Biblical Basics for a Reformational Worldview* (Grand Rapids, MI: Eerdmans, 1985), 46. 『창조 타락 구속』(IVP, 2017).

다. 즉 가인이 **악하게 변할** 수 있다면, 방향을 돌려서 **선하게 변할** 수도 있도록 하나님께서 그 원칙에 따라 행하신다. 앞으로 살펴보겠지만, 이것이 함축하는 의미는 인간에게 한정되지 않는다. 땅 자체와 동물들도 노아를 통한 하나님의 구속 계획의 한 부분이다. 사람이나 상황이 아무리 제대로 기능을 하지 못한다고 해도, 이를 구속하시려는 하나님의 추진력 안에서 **사람이나 상황은 방향이 그릇되어 있더라도 선하다는** 것이 증명된다.

복음이 구약에 존재한다면, 바로 이것이 복음이다. 태초부터, 흙투성이가 되고 흠이 생기고 비뚤어졌다고 해도 당신이 하나님의 자비나 구속에서 끊어지지는 않는다. 하나님이 구속을 이끌고 가신다는 사실이 우리가 섬기는 하나님이 어떤 분인지를 알게 해 주며, 오늘날까지도 모든 피조물에 소망이 담뿍 스며들게 한다. 우리는 사랑하는 사람이 인터넷 포르노에 중독되었을 때 자포자기해서 "아 그래, 할 수 없지"라고 중얼거리지 않는다. 우리는 땅에 있는 하나님의 형상으로서 행동해야 하고, 선하게 창조된 존재이기에 중독될 필요가 전혀 없는 그를 위해 구원의 방법을 모색한다.

하나님이 가인의 방향을 돌리려고 하셨지만, 말하자면 기차는 이미 역을 떠났다. 흙에서 외치는 흙사람의 아들의 목소리에 대한 추궁이 끝나자 가인은 하나님의 호소를 묵살한다. 처음 발생한 살인에 대한 벌은 무엇인가? 추방과 방랑이다.

왜 하나님은 가인에게 떠돌아다녀야 하는 저주를 내리셨는가? 분명히 가인은 자기가 아무리 동생을 죽였다지만 그에 대한 형벌이 너무 가혹하다고 생각했을 것이다. 나중에 하나님은 노아에게 살인은 살인자의 목숨을 요구한다고 가르치신다. 가인은 두 가지, 즉 떠돌아다니는 것과 죽임을 당하는 것 때문에 전전긍긍한다. 첫째, 가인은 땅에 정착한 사람들의 집단이 커지고 퍼져 가고 있기에 자신이 그들에게 죽임을 당할까 봐 두려워한다. 둘째, 가인이 받은 형벌은 가인의 직업과 관련이 있다. 가인은 땅에서 일하는 사람이다. 농부에게는 정착할 땅을 확보하는 것이 가장 중요한 일이다. 바로 가인의 생활 수단, 즉 저주받은 땅 때문에 수고가 헛되게 되더라도 자기는 살아남는 법을 알고 있는 그 길이, 이제 발밑에서 싹 사라져 버렸다. 가인은 자신의 앞날을 알 수 없었지만, 놀랍게도 하나님은 가인이 벌을 받는 동안 내내 너그럽게 그를 보호해 주신다. 첫 살인이 일어난 이 부분에서조차 하나님은 똑같이 갚아 주는 벌이 아니라, "내 죄벌이 지기가 너무 무거우니이다"(4:13, 개역개정)라고 말하는 가인의 특별한 애원을 참작하셔서 자비를 담아 벌을 내리신다.

"사람들이 야훼의 이름을 부르기 시작했다."

창세기 4:26에서는 가인, 가인의 후손, 셋의 이야기를 자연스럽게 마무리한다. 이 구절은 성경 저자가 어떤 관용구를 쓰는지 알게 해 준다. "야훼의 이름을 부르기 시작하다"라는 관용구는 무슨 뜻일까? 이 관용구가 창세기에서 어떤 장면에 사용되는지를 살펴보면 아주 쉽게 알 수 있다. 이 표현은 아브라함과 이삭이 야훼를 예배하는 장면에 네 번 나온다(12:8; 13:4; 21:33; 26:25). 이 구절들을 나란히 읽으면 알겠지만 아브라함과 이삭은 제단이나 일종의 기념비를 쌓은 직후에 "야훼의 이름을 불렀다."

간단히 설명하면, 이 표현은 당시 인류가 제단이나 기념비를 포함하여 일종의 의례를 갖추어 하나님을 예배하기 시작했다는 뜻이다. 4:26에서는 야훼의 이름을 부르는 일을 비난하지도 동의하지도 않는다. 오히려 이 내용은 사람들에게 일어난 사건과 관련한 짧은 기록으로 해석되며, 우리가 다음 이야기로 옮겨갈 준비를 하게 해 준다.

창세기 3-4장을 끝내며

에덴동산에서 시작된 공동체는 인간이 하나님에 대한 신뢰에서 떠나 교활한 뱀의 목소리에 더 귀를 기울이면서 깨지고 말았다. 인간이 추방된 후 하늘과 땅이 분리되자 이 일은 단순한 실수를 넘어 기독교인들이 '타락'이라고 일컫는 사건이 된다. 부모의 과오를 후손이 바로잡을 수 있으리라는 희망이 순식간에 모두 부서져 버렸다. 우주의 창조주께서 가인에게 찾아가셔서 살의를 없애고자 충고하실 때조차 가인은 욕망에 사로잡혀 있었다. 이 이야기에서 회복의 기미를 찾기는 너무나 어렵다. 가인과 가인의 후손 때문에 세상에는 온통 살인이 넘쳐나게 되었지만, 여전히 하나님은 인류 안에 구속할 만한 무언가가 있다고 여기신다. 확실히 인류의 역사는 힘겹게 출발했다. 인구가 급증하면서 샬롬 반달리즘 역시 급증한다면 상황은 훨씬 더 악화될 것이다. 이렇게 땅에서 악이 걷잡을 수 없이 번지고 있는데도 하나님은 과연 인류를 구속하시고 회복하실까? 이러한 혼란 속에서 노아가 등장하여 인류의 악이라는 문제에 대해 놀라운 해답을 제시한다.

읽어 볼 글들

합당한 목소리에 귀 기울이기

- 창세기 3장
- 창세기 16:1-6
- 창세기 27:5-17
- 창세기 39:1-10
- 잠언 7-8장

자신의 분노를 확인하고 다스리기

- 창세기 4장
- 레위기 19:17-18, 33-34
- 마태복음 5:21-26
- 에베소서 4:25-5:12
- 야고보서 1:12-18

생각해 볼 질문

01 목록을 작성해 보라: 우리는 누구에게 귀 기울이는가? 우리가 전혀 비판하지 않은 채 살아가고 있는 문화 영역은 어디인가? 멜로 영화나 사랑 노래가 우리의 사랑관에 미치는 영향을 생각해 보라. 혹은 우리의 법률 제도가 정의라는 관점에 미치는 영향을 생각해 보라. 우리가 말하는 이야기들이 어떻게 해서 우리가 귀 기울이는 목소리를 만들어 내는가? 어떻게 하면 이러한 목소리를 성경의 목소리를 통해 비판하는 법을 배울 수 있을까?

_____

_____

02 선하지만 방향이 그릇된 원칙을 생각해 보라. 이 원칙이 자녀 양육, 오염 문제 해결, 지속된 구속 등을 포함한 많은 일에 어떤 식으로 영향을 미칠 수 있는가?

6장

하나님이 공개적으로 세상에 관여하시다 (5-9장)

결혼식은 정말 기이한 사건이다. 그날 신부는 결혼식이 아니면 절대로 입을 일이 없는 의상을 화려하게 차려입는다. 서약 당사자들은 앞으로 서로 완벽한 배필이 되겠다는 원대한 서약을 한다(즉 "나는 사랑해 주고, 아껴 주고, 위로해 주고 … 주겠다고 약속합니다"). 음악, 성혼 선포, 주례사, 심지어 신랑 신부의 행진 방법까지 하나같이 다 이 행사만을 위해 준비되고 장식된다. 목사들은 결혼반지에 담긴 의미를 종종 지어내서 설명하곤 한다. "시작도 끝도 없는 동그라미처럼, 우리를 향하신 하나님의 사랑도 그러하며, 두 사람도 그렇게 서로 사랑해야 합니다." 왜 이렇게 하는가? 우리가 특이하게 차려 입고서 가족과 친구들 앞에 서서, 건네받은 원고를 낭독하고, 자존심이 있는 죄인으로서는 지킬 수도 없는 일련의 서약에 충성하겠다고 맹세하는 이유는 무엇인가? 결혼식 날에 우리는 계약이 아니라 일종의 언약과 더 비슷한 무언가를 체결하고 있기 때문이다.

언약 의식을 고대 히브리인들처럼 이해하려고 한다면 오늘날의 결혼 예식이 제일 비슷하다. 결혼식처럼 언약은 계약의 차원을 넘어선다. 언약은 증인과 서약, 그 밖에도 더 많은 사항이 필요한 약속이다. 몇몇 언약은 창세기에서만 체결되고 반복된다. 그러므로 언약이 무엇이며 하나님이 왜 동물들과 똑같이 흙사람과도 언약을 맺으시는지 관심을 둘 필요가 있다. 사실 노아 이야기의 구조는 하나님이 "그러나 내가 너와는 내 언약을 **세우겠다**"(6:18)라고 하신 약속과 "보라, 내가 내 언약을 너희 모두와 너희 후손, 너희와 함께 있는 모든 살아 있는 피조물과 세운다"(9:9-10)라고 하신 성취 사이의 긴장에 집중되어 있다고 말할 수 있다.

결혼식 역시 창조적인 언약 체결에 대한 통찰력을 제공한다. 결혼 예식의 지침이 성경에 전혀 나오지 않으므로 우리의 결혼식은 늘 임시방편인 셈이다. 따라서 노아 이야기를 서사로 볼 수도 있지만 언약 의식의 표본으로도 볼 수 있다. 이야기 줄거리에 관심을 기울여야 하겠지만 다음과 같은 질문도 던져 보아야 한다는 의미다.

- 무슨 내용의 약속을 누가 누구에게 하고 있는가?
- 약속을 지킬 힘이 누구에게 있는가?

- 결혼반지에는 의미와 약속이 상징적으로 담겨 있다. 이 이야기에서는 무엇이 하나님의 약속을 상징적으로 나타내는가?

뒤에서는 이러한 질문으로 다시 돌아와서 '활'(bow)을 성경적인 무지개(rainbow)에 놓아 보겠다. 그러나 우선은 **위안을 가져다 주는 사람**(relief-bringer)인 노아에게로 이어지는 흙사람의 계보를 살펴본 후 홍수 이야기로 들어갈 것이다.

믿을 수 없이 긴 수명

이 계보에서는 사람들이 아주 오래, 900년이 넘게 산다. 일부 학자들은 이렇게 믿을 수 없이 긴 수명을 나열하는 것은 고대 수메르 왕들의 목록을 보여 주려는 의도 때문이라고 생각하는데, 창세기와 수메르 문서 사이에는 많은 차이점이 존재하므로 그러한 생각에는 의문이 제기된다.[42] 그럼에도 이렇게 엄청나게 긴 수명이 노아 이야기의 화자(話者)의 눈에도 띄었기에 창세기에서는 인간의 수명이 지금과 같은 길이로 줄어든 이유를 언급하고 넘어간다. 유전과학의 문제로서 우리의 수명은 유전자에 따라 결정되는 한계 외에는 절대적인 한계가 없다. DNA(유전자 본체)의 끝부분에 있는 소위 '텔로미어'(telomeres)[43]가 세포 재생 횟수를 통제하는 듯이 보인다.[44] 생각해 보자. 900년이 넘는 수명에도 과학적인 설명이 필요하

---

[42] Thomas C. Hartman, "Thoughts on the Sumerian King List and Genesis 5 and 11B", *Journal of Biblical Literature* 91, no. 1 (Mar 1972): 25-32.

[43] 역주- 염색체의 끝부분에 있는 염기 서열. 말단 소체 또는 말단 소립, 말단 염색체, 말단체 등으로 불린다. 세포 분열 때마다 짧아지고, 텔로미어가 더는 짧아지지 않는 시점이 '노화점'이며, 이때 세포 분열이 멈춘다고 한다.

[44] Brett Heidinger, et al., "Telomere Length in Early Life Predicts Lifespan", *Proceedings of the National Academy of Sciences* 109, no. 5 (Sept 2017): 1743-48.

> 지만, 100년이나 50년이 넘는 수명도 마찬가지이긴 하다. 건강한 인간은 거의 1세기를 산다. 지금 우리가 알기로는 그러한 한계를 정하는 주체는 세포 재생을 통제하는 유전자다. 사실 환경이나 식생활은 그대로인데 도대체 왜 인간의 세포는 재생을 멈추어서 신체를 쇠퇴하게 하는 것일까? 도대체 왜 건강한 세포를 계속해서 재생하지 않는 것일까? 유전학자들은 텔로미어 길이를 늘여서 인간의 수명을 늘일 수 있기를 바랐지만, 거기에는 더 복잡한 문제들이 있었다.[45] 과학자들은 유전자적인 한계를 알아내고자 계속해서 노력하겠지만, 이러한 한계가 생긴 까닭을 창세기 6장에서는 모호하게 언급한다. 하나님은 인간들과 영원히는 거하기를 바라지 않으시는데 그 까닭이 명료하게 나오지는 않는다(6:1-4).

노아의 계보

대홍수 사건으로 들어가기 전에, 노아의 계보에 나오는 기본 정보를 살펴보자. 구약 성경에서 늘 그렇지는 않지만, 창세기에서는 이야기 흐름에 반드시 필요한 정보가 종종 계보 안에 들어 있다. 창세기 5장도 예외가 아니다. 셋의 혈통 소개에서 두드러지는 두 측면이 있으니, 바로 사람들의 나이와 노아라는 이름에 숨겨진 뜻이다.

노아의 이름

노아라는 이름은 무슨 뜻인가? 창세기 5장에서는 아담에서 노아의 혈통으로 이어지는 계보가 마무리되면서 홍수 사건이 일어날 징조를 보여 주고, 3장에 나오는 저주를 다시 언급한다. 노아(노아흐, noach)는 '위안, 구출'(relief)이나 '쉼'(rest)이라는 뜻이다.

---

45 Tad Friend, "The God Pill", *The New Yorker*, April 3, 2017.

무슨 의미인가? "그리고 [그가] 그 이름을 노아라고 부르면서 말하기를 '야훼께서 저주하신 흙에서, 노동과 손으로 하는 수고에서 이 아이가 **우리에게 위안(구출)을 가져다주리라**' 하였다"(5:29). 창세기에 따르면 홍수는 인간을 흙의 저주에서 부분적으로 구출해 주며(relieve), 또한 죽음에서의 구출이나 (또는 이러한 구출과 더불어) 농사일에서의 구출(relief)을 뜻할 수도 있다. 두말할 필요 없이, 저주에서의 구출은 이야기가 전개되면서 아주 의외의 방향으로 펼쳐진다.

성경 언약에 나오는 약속과 징조

창세기 6장에서 우리가 다시 대면하는 하나님은 인간 역사에 개입하셔서 훼손된 무언가를 복원하고자 하신다. 인간이 돌이킬 수 없을 정도로 악을 향해 돌아서 있다고, "그의 마음으로 생각하는 모든 계획이 항상 악할 뿐"(6:5, 개역개정)이라고 성경에서는 서술하지만, 하나님은 당신의 피조물을 다시 선한 쪽을 향해 돌려놓기를 바라신다. 흙사람들은 창세기 1장에서 하나님이 명령하신 대로 크게 번성했지만, 이제는 그들 때문에 악이 크게 번성하고 있다(6:5). 다시 말하지만, 하나님은 포기하지 않으신다는 사실을 우리는 간과하지 말아야 한다. 메소포타미아의 "길가메시(*Gilgamesh*) 서사시"를 보면 인간들이 시끄럽고 귀찮아졌다는 이유로(이유는 더 있다) 신들이 땅에 홍수가 나게 해서 인간들을 죽이려고 한다. 이 이야기에서 '노아'에 해당하는 인물을 신 하나가 다른 신들의 허락을 받지 않고서 구원하자, 신들은 인간 가족이 아직 살아 있다는 사실을 알고서는 불쾌해한다. 창세기의 홍수 이야기에서는 인간이 심판을 받아야 하는 악한 상태에 있기는 하지만 선하다고 전제한다.

네피림은 누구인가?

학자들은 '하나님의 아들들'과 '네피림'의 정체를 놓고 학문적으로 강경하게 의견이 갈린다. '하나님의 아들들'은 1) 인간 통치자들이거나 2) 신적 존재들이거나 3) 셋 혈통에서 나온 자손들일 수 있다.

하나님의 아들들의 정체가 무엇이든지 간에, 이들이 여자들과 관련해서 보인 행동은 하나님께서 사람의 수명을 제한하실 정도로 골칫거리였다. 하나님이 어떻게 반응하시는지 보라. 그분의 호흡/영이 **사람** 안에 머무실 수가 없었다(6:3). 네피림은 필시 하나님의 아들들과 사람의 딸들 즉 흙사람의 딸들이 결혼해서 낳은 자손들이다(6:2, 4). 흙사람들의 악함을 보시고서 하나님은 '**흙**에서 흙사람'을 창조하셨음을 한탄하신다(6:7). 다시 말해 네피림은 정체가 무엇이든지 간에 사람 즉 흙사람이며 그들은 에덴 동산에서 나온 흙사람의 혈통을 잇는 자손들이다. 본문에서는 네피림이 외계인이라거나 혼혈이라는 데 초점을 맞추지 않고 그들을 '**이름난** 사람들'이라고 설명한다(6:4). 대단한 이름을 얻는 일은 바벨(11:4)과 아브라함(12:2)의 이야기로 이어지는 의미심장한 주제다. 따라서 하나님이 여기에서 그저 '이름난 사람들'이라고만 알려진 무리를 꾸짖으신 일은 대수롭지 않은 일이 아니다. 즉 우리가 신적 존재가 땅에 내려와서 사람 여자와의 사이에서 자녀를 낳았다는 것이 무엇인지 그 개념을 알아낸다고 해도 창세기에서는 그보다는 네피림의 자손을 향해 이렇게 질문하는 것에 더 집중한다. "대단한 이름을 얻는다는 것은 무슨 의미인가?"

"의로운 사람이요, 당시 세대에서 흠이 없던"(6:9) 노아를 제외하고는 모든 인간이 악했다. 노아 세대에 대한 묘사를 감안할 때 우리는 노아의 의로움에 너무 약하게 감명을 받는다. 그러나 여기에서 '흠이 없는'이라는 말은 노아가 존재하고자 하는 방식이 '온전한' 혹은 '완전한' 것과 같았다는 뜻이다. 군대에서 흔히 하는 말로 표현하자면 '정리 완료' 혹은 '이상 무'다. 노아는 가족과 함께 홍수를 피했으며, 하나님은 그들과 인류, 그리고 동물계와 언약을 세우신다. 그러나 하나님은 노아에게 언약 관계를 시작하는 행동인 맹세를 요구하지 않으신다.

왜 하나님은 노아에게 "나는 하겠다"라고 말하라고 요구하지 않으신 채로 언약을 체결하시는가? 이것은 마치 내 결혼식에서 배우자가 혼자 식을 치르는 동안 목사가 나에게 자리에 앉아 있으라고 말하는 것과 같다. 우리는 이 이야기를 자주 들은 데다가 고대 셈족이 아니기 때문에 하나님이 피조물과 언약을 맺으시는 이 장면이 정상으로 보일지도 모른다. 그러나 그렇지 않다. 이 기이한 장면에서 하나님은 홍수 사건 후 사람들은 물론이고 동물들에게도 **조건 없이** 계약을 체결하는 언약을 세우신다. 이 방식이 하나님께서 아브라함, 이삭, 야곱, 이스라엘, 그리고 다윗과 (어떤 이들이 주장하기로는 기독교인들과) 언약을 맺으실 때에도 되풀이된다.

왜 하나님은 땅을 홍수로 멸하지 않겠다는 약속을 언약으로 확정하셔야 했을까? 이상하지만, 사실 이유가 없다. 그 언약에는 하나님의 장래 계획에 대해 인류를 안심시키시려는 목적이 들어 있을 뿐 그 외에는 하나님이 이득을 취하실 일이 하나도 없다. 즉 결혼 예식은 두 사람이 하나가 되도록 하는 역할을 한다. 하지만 노아와 관련해서 그 언약은 기능상 어떠한 일도 **하지 않는** 것처럼 보이며 다만 하나님께서 사람들이 신뢰하기를 바라시는 약속을 제시할 뿐이다. 그러므로 언약 이면에는, 사람들이 참혹한 경험을 했지만 하나님을 신뢰하여서 그분의 성품에 대해 불안한 마음을 갖지 않게 하시려는 하나님의 바람이 있다. 놀라운 일이다!

하나님은 인간에게 어떻게 확언하시는가? 하나님은 전쟁 무기인 활(bow)을 일종의 표지로 사용하시는데, 이는 정황을 고려하지 않는다면 이상해 보인다. 결혼식에서 "당신은 사랑과 헌신의 표지로 무엇을 가져왔습니까?"라고 질문한다는 것을 기억하라. 나는 "이 반지입니다"라고 대답했었다. 그런데 하나님이 노아와 피조물과 언약을 맺으면서 가져오신 표지는 활이다. 성경 히브리어에는 '무지개'(rainbow)에 해당하는 단어가 없기에, 여기에서 그 표지는 그저 '하늘에 있는 활'로 표현된다(활과 화살을 떠올려 보라). 그렇다면 무지개는 하나님과 노아의 언약에서 여러 접점을 갖는다. 결혼반지가 우리 문화에서 결혼을 상징하는 역할을 하는 것과는 달리 성경에서 언약의 표지는 언약의 내용과 직결된다. 하늘에 있는 활은 물이라는 무기를 이제 땅이 아니라 하나님을 향하게 했다는 뜻이거나 혹은 선반에 걸린 총처럼 받쳐 놓았다는 뜻이다. 비가 내릴 때만 나타나서 하늘에 걸리는 이 활을 하나님께서는 흙사람과 다른 생물들에 대한 약속의 표지로 사용하신다. 그분의 격노가 끝났다. 그분의 무기를 치워 놓았기에 그 뾰족한 끝이 땅을 겨누지 않는다.

놀랍게도 그 이야기에는 동물들이 눈에 잘 보이는 곳에 위치한다. 하나님은 동물들을 구원하신 후 사람들과 하신 약속에 대응하는 언약을 동물들과도 체결하신다. 더욱이 하나님은 심판할 필요가 있는 목록에 동물들의 생명이 들어 있는 피를 넣으신다(9:4-5). 즉 하나님은 인간에게 동물의 고기를 먹으라고 처음으로 허락하셨지만(9:3), 무분별한 도살은 허락하지 않으신다. 이 내용이 사람을 살해하는 것과 맞물려서 서술된다. 모든 죽음에는 반드시 해명이 필요하며, 다른 사람의 피를 흘리게 하는 사람에게는 죽음이 요구된다.

최소한 우리는 동물 처우에 대한 기독교 생태학의 뿌리를 창조 기사와 홍수 이야기에서 찾을 수 있음을 인정해야 한다. 하나님이 창조하시고 지으신 동물들이 홍수가 일어났을 때 악한 사람들과 함께 죽임을 당했다. 동물들은 창조 기사에서 "생육하고 번성하라"라는 명령을 받았고, 홍수 후에도 "생육하고 번성하라"라고 똑같이 명령을 받는다(8:16-17, 개역개정). 홍수 후에 "사람의 마음의 의도가 모조리 악하다"는 사실에도 불구하고(8:21), 하나님은 다시는 **사람과 동물들을** 없애거나 **땅[흙]을 저주하지** 않겠다고 약속하신다.

하나님의 약속에서 볼 수 있듯이 모든 피조물은 인간의 악 때문에 죽음의 고통을 겪는다(8:21). 그러나 홍수로서 부분적으로 해결된 것은 흙의 저주일 뿐 사람의 악이라는 영구적인 문제가 해결된 것은 아니었다. 이야기의 교점에 나오는 서술을 비교해 보라.

> [라멕이] 그 이름을 노아라고 부르면서 말하기를 "야훼께서 저주하신 흙에서, 노동과 손으로 하는 수고에서 이 아이가 우리에게 **위안**(구출)을 가져다주리라" 하였다(5:29).

> 야훼께서 보시기에 사람의 죄악이 땅 위에 크게 번성했으며, 사람이 살아 있는 내내 마음으로 생각하는 의도가 악할 뿐이었다(6:5).

> 그리고 야훼께서 그 기쁘시게 하는 향기를 맡으셨을 때 당신 마음속으로 말씀하셨다. "다시는 흙사람 때문에 흙을 저주하지 않겠다. 어릴 때부터 **흙사람은 마음이 뜻하는 바가 악하기** 때문이다"(8:21).

땅과 동물은 인간이 죄를 짓는 상황에서 아무 잘못도 하지 않았다. 인간이 저지른 악의 결과로 인해 고통을 받을 뿐이다. 다시 말해, 창세기의 처음 부분에서 볼 수 있듯이 인간의 죄가 땅 자체를 더럽혔다. 죄가 땅을 더럽힌다는 이러한 개념은 후에 이스라엘이 가나안 땅에 들어가서 그 땅을 차지할 때 더 중요해진다(레 19:29).

마지막으로, 노아라는 이름에 담긴 뜻으로 보아 노아는 저주받은 땅을 구출해 줄 것이다. 방주에서 나온 후에, 노아는 정결한 동물을 제물로 삼아 각기 번제로 드린다(노아가 정결한 동물을 각기 일곱씩 데리고 왔던 일을 기억하라. 7:2). 야훼께서는 "다시는 흙사람 때문에 흙을 저주하지 않겠다"(8:21)라고 응답하신다. 우리가 기대한 방식이 아니었을지 모르지만, 이것이 흙을 인간의 저주에서 구출하는 이야기다. 하나님은 인류의 악함을 처리하시고서 흙사람들과 새로운 장을 여신다. 하나님은 다 버리고 맨 처음부터 다시 시작하지 않으시고, 나머지를 심판하시는 동안 한 가족과 얼마 안 되는 동물 몇 쌍을 구원하셨다.

이스라엘의 이웃 나라에 대한 문화 비평으로서 노아 이야기

니무시산(Mount Nimush)에 배가 얹혔다. 산이 배를 붙잡고서 놔주지 않았다. … 나는 일곱째 날에 비둘기 한 마리를 꺼내서 풀어 주었다. 비둘기는 날아갔다가 내려앉을 자리가 없었기에 배로 다시 돌아왔다. 나는 기다렸다가 이번에는 까마귀를 풀어 주었다. 까마귀는 날아가 버렸고, 물이 줄어들었기에 가지를 발견해서 앉아서 먹이를 먹은 후에 다시는 돌아오지 않았다. 물이 말라 버리고 뭍이 드러나자 나는 내가 데리고 온 동물들을 풀어 주고 산에서 양 한 마리를 잡아 신들에게 바쳤다.[46]

잠깐! 방주는 니무시산이 아니라 아라랏산에 도착하지 않았는가? 신들에게 양을 바쳤다는 말이 도대체 무슨 뜻인가? 무슨 신들을 말하는가? 이 이야기는 우트나피쉬팀이라는 이름의 남자가 말한 메소포타미아 설화라고 믿기가 어려울 정도로 우리에게 너무나 익숙하다. 게다가 (더 광범위한 "길가메시 서사시"의 한 부분인) 이 이야기의 연대는 우리가 오래되었다고 알고 있는 창세기 사본보다 거의 1,600년 이전으로 추정된다. 이 이야기의 여러 판본이 메소포타미아 전역에 있는 도서관에서 발견되는데, 이는 이 이야기가 널리 읽히고 개작되었음을 나타낸다. 이 이야기에서 신 하나가 우트나피쉬팀에게 와서 폭우가 임박했음을 경고하자, 그는 배를 만들어서 자기 가족과 동물들을 태웠고, 그다음에 위에서 인용한 단락이 나오면서 내용이 끝난다.

---

46 *Gilgamesh: A New English Version*, trans. Stephen Mitchell (New York: Free Press, 2006), 187-88.

홍수 사건을 생각할 때 우리 마음에는 퍼뜩 무고한 남자들과 여자들, 아이들과 동물들의 죽음이 떠오른다. 어떻게 그렇지 않을 수가 있는가? 그러한 무덤들을 은폐하지 않은 채로, 우리는 성경의 이야기에 집중해야 하지만, 고대 독자들도 죄 없이 죽은 이들을 염려했으리라. 그러나 그 이야기가 고대 근동에 널리 알려진 듯이 보이므로, 히브리 사람들은 노아 이야기가 길가메시의 내용과 정면으로 충돌한다는 점을 아주 잘 알고 있었을 것이다. 다시 말해 노아 이야기에서는 길가메시 서사시를 단도직입적으로 반박한다. 우리에게는 놀라운 사실일 수도 있지만, 노아 이야기는 다른 홍수 기사들을 인정하면서도 홍수 서사를 이스라엘의 역사에 올바르게 맞추는 일종의 비평 기사다.

홍수 이야기는 지구에 있는 모든 대륙의 거의 모든 고대 문화에 존재한다(남극 대륙이 예외인 이유는 분명하다). 그래서 구약에 홍수 서사가 기록되어 있다는 점은 그리 놀라운 일이 아니다. 여기서 정작 놀라운 부분은 홍수가 일어난 까닭과 노아가 구원받은 이유다. 그러므로 왜 창세기가 이 홍수 사건을 인류의 특별한 이야기에 결부해서 이스라엘의 삶과 시대 상황으로 흘러들어 가게 하는지 고찰해 볼 가치가 있다. 창세기는 우리가 홍수 이야기의 세부 내용을 확실하게 바로잡아서 그 내용을 이야기에 적합한 정황 속에 집어넣기를 바란다. 길가메시에서는 시끄러운 인간들에게 노한 신들이 홍수를 일으켰다고 말하지만, 창세기에 따르면 그렇지 않다. 또 길가메시에서는 신이 홍수를 일으킨 목적이 살아 있는 사람을 모조리 전멸시킬 셈이었다고 하지만 창세기에서는 그렇지 않다.

오히려 홍수는 선하게 창조되었으나 악하게 변한 인류를 구원해서 피조 세계를 인류에게 다시 맡기게 하는 역할을 한다. 여러 면에서 노아와 그 아내는 새로운 아담과 이브다. 이 말은 우리가 에덴동산의 다른 주제도 살펴보아야 한다는 뜻이다. 노아가 새로운 아담이라면, 야벳과 셈과 함은 새로운 가인과 아벨인가? 밝혀진 대로, 방주에서 나오자마자 세 아들 중 한 명이 비행을 저지르는 것으로 내용이 전환된다. 지금은 창조 기사가 노아와 더불어 다시 쓰이고 있다고 말하는 정도면 충분하다. 새로운 가인과 아벨인 노아의 아들들과 그에 상응하는 계보는 다음 장에서 고찰하겠다.

'악한 자들'은 누구인가?

부모들이 왜 아이들의 방을 노아 이야기를 주제로 한 그림 벽지로 꾸며 주는지 나는 도무지 이해할 수 없다(솔직히 말하자면, 우리도 첫째 아이 방을 그렇게 꾸미기는 했다). 구름이 뭉게뭉게 피어오르고 무지개가 드리워진 아래쪽에 만화로 그려진 노부부가 기린, 사자,

곰, 얼룩말, 원숭이, 악어 등등으로 빽빽하게 채워진 배를 타고 물 위에 떠 있다. 퉁퉁 불은 흙사람의 사체들이 역시 퉁퉁 부풀어 오른 기린, 사자, 곰 등과 함께 숨이 끊어진 채 이리저리 떠다니는 모습은 전혀 눈에 띄지 않는다. (구약에서 '야훼의 날'이라고 부르는) 예수님의 재림을 제외하면 창세기 6-9장에 나오는 대홍수 이야기는 성경에서 하나님이 가장 격노한 행동을 하신 사건이다.

왜 하나님은 죄 없는 남자들과 여자들, 그리고 아이들을 죽이셨을까? 이 질문은 성경이 인정하려고 하는 내용 이상을 이미 전제로 하고 있다. 결혼해서 아이가 있는 사람들이라면 벌써 알고 있듯이 '죄 없는 남자, 여자, 아이' 따위는 존재하지 않는다. 다만 예를 들면 '거룩한 폭력'이라는 표현처럼 모순 형용과 같은 표현일 뿐이다. 기독교 전통에서 오래전에 이 명제를 놓고 논쟁한 끝에 '인간은 선천적으로 죄가 없다'라는 개념이 사라졌다. 우리에게 대부분의 신학적 유산을 물려준 북아프리카 신학자들의 판단에 따르면 아기는 **잠재적** 죄인이 아니라, 전력을 다해 죄를 짓는 피조물이며 근본적으로는 선하고 구속 가능하지만 속속들이 부패한 존재다. 아우구스티누스가 펠라기우스에게 반박한 유명한 말이 있다. "아기들이 무죄하다면, 해를 끼칠 의지가 없어서가 아니라 힘이 없어서 그런 것이다." 그러면서 그는 자신이 어린아이였을 때 "너무나 자그마한 사내아이이자 너무나 크나큰 죄인"이었다고 말한다.[47] 흙사람들이 잉태된 후로 하나같이 계속 부패하여 잘못된 길을 가고 있다면, 한편으로는 홍수가 그러한 저주로부터의 구출이라고도 말할 수 있다. 그러나 각 사람이 아주 어릴 때부터 죄가 있다는 점보다 훨씬 더 끔찍한 사실은 사람들이 한데 모이면 더 새롭고도 더 심한 악을 만들어 낸다는 점이다.

2014년에 이슬람 국가(Islamic State)는 이라크와 시리아를 포함하여 서남아시아와 북아프리카에 걸친 상당히 넓은 지역을 무력으로 장악했다. IS의 극단적 형태의 이슬람식 화술과 폭력은 이미 알카에다와 같은 집단 내에서 급증했지만, IS가 남자와 여자와 아이들에게도 잔혹 행위를 하면서 극적인 쇼맨십을 과시하자 아무 생각 없이 방관하던 이들마저 몸서리를 쳤다. 또한 동성애자들을 높은 건물에서 내던지고, 아이들을 시켜서 포로로 잡힌 군인들을 죽이게 하자 심지어 알카에다까지 나서서 (I.S.I.S.[이라크와 시리아의 이슬람 국가, Islamic State of Iraq and Syria]와 I.S.I.L.[레반트 지역에 있는 이슬람 국가, Islamic State in the Levant]라고도 알려진) IS를 규탄하기에 이르렀다.

1990년대와 2000년대 콜롬비아와 멕시코의 마약 조직처럼 이슬람 국가는 일종의 무제한적 폭력으로 광분 상태가 되어 버렸기에 그 세력권 안에 있는 이들은 그 누구도 안전하지 않다. 이슬람 국가

---

47 Augustine of Hippo, *Confessions*, 1.7; 1.12.

와 같이 스스로 재빠르게 점점 나라의 형태를 갖추어 가는 (이 용어가 적합하다면) 정치 '상태'(state)를 우리는 어떻게 다스려야 하는가?

어느 순간 한 집단이 너무나 끔찍한 폭력 집단이 되었기에 단순한 논의로는, 즉 차를 마시고 담소를 나누면서 그 집단에게 잘못된 점을 알려 주는 식으로는 문제를 해결할 수가 없게 되었다. 사실상 이슬람 국가의 문제를 해결할 방법이 반드시 있다고 전제한다면 대홍수 사건 전의 하나님과 한편이 되는 셈이다. ISIS가 성매매, 살인, 테러와 같은 악랄한 난동을 계속하게 둘 수는 없다. 현재 ISIS의 일원이 아닌 사람이라면 거의 모두가 해결책을 간절히 바라고 있으며 그 해결책에는 그들의 '언어폭력' 부분도 포함되어야 한다고 주장한다.

ISIS의 지도부를 죽이려고 할 때 그들과 함께 생활하는 가족들과 여성 노예들에게도 피해를 입힐 수 있다. ISIS 내부에는 할 수만 있다면 거기에서 탈출하고픈 이들도 있다. 아이들과 남자들, 성노예들이 자유의 몸이 되는 것이 현실적으로 불가능하다면 차라리 죽는 편이 더 인도적이지 않을까? 너무나 끔찍한 말이라서 꺼내기도 쉽지 않다. 그러나 전에도 이와 비슷한 일이 있었다.

유럽에서 제2차 세계대전이 한창 진행되는 동안 나치 강제 수용소에서 탈출한 이들이 처칠 총리와 루즈벨트 대통령에게 수용소로 이어지는 철도 선로를 폭격해 달라고 간청했다. 수용소 안에 있던 유대인들이 일부 죽더라도 연합군의 폭격으로 죽는 편이 집단으로 굶어 죽는 굴욕을 당하는 것보다는 나으리라고 여긴 것이다. 전쟁이 끝난 후 유대인 수감자들이 전한 말에 따르면 이들은 연합군의 폭격기가 가까이 왔다는 소식을 듣고 마음이 들떴다고 한다. 자기들이 그곳을 빠져나갈 수 있다고 생각한 것이다.

나는 노아 이야기가 이러한 메시지를 준다고, 즉 구제 불능으로 파괴적인 사회에 갇혀 있다면 죽는 편이 더 낫다고 이야기한다고 말하고 싶지는 않다. 노아 이야기는 그와 같은 무죄한 이들의 상황에 초점을 맞추지 않는다. 부패를 보시고 더는 그대로 두지 않으시려는 하나님에 대해 말한다. 하나님이 선하게 만드신 피조물을 그 부패가 더럽히고 있기 때문이다. 이미 그 집단에게 홍수의 형태로 심판이 닥쳤다. 그러나 나는 새롭게 악을 저지르는 자들이 오늘날 심각하게 부패한 사회들을 이끌고 있으며, 몸을 짓이기는 듯한 그들의 잔인한 톱니바퀴 안에 평범한 죄인들이 갇혀 있다고 말하고 싶다. 그와 같은 상황에 갇힌 평범한 죄인들은 그 잔인한 사회에서 수십 년간 옴짝달싹 못 하고 있으니 즉시 죽는 심판을 당하는 편이 어떻게 보면 더 인도적일지도 모른다.

결국 창세기 6장에서는 이 사람들이 무슨 일을 꾸몄기에 그렇게 집단 처형을 당했는지는 말해 주지 않는다. 하나님이 나라들을, 나중에는 이스라엘을 죽음이라는 방법으로 심판하실 때 그 이유는 특정 유형의 부패 때문이다. 소돔과 고모라는 성 전체가 (19:4에 따르면 단 한 명의 남자도 빠짐없이) 그곳에 잠시 유숙하던 이들을 폭력적으로 강간하고자 했기에 멸망당하고 말았다. 이스라엘에서도 베냐민 지파가 한 여성에게 소돔과 고모라의 폭력을 재현했는데, 이 여성은 롯의 가족과는 달리 그 폭력을 피하지 못했으며, 결국 이 일이 베냐민 지파가 말살당하는 도화선이 되었다 (삿 19-20장). 타인을 대상으로 하는 폭력에는 심판이 뒤따른다. 구약 성경에서도 민족 전체가 행한 특정한 집단 폭력은 심판이 몇 세대에 걸쳐 일어나기도 했지만, 어쨌든 심판을 받았다. 특히 어린이를 대상으로 하는 폭력(어린이 인신 제사), 여성을 대상으로 하는 폭력(매춘), 가장 착취당하기 쉬운 이들(가난한 이들, 체류 외국인 등)을 대상으로 하는 폭력이라는 주제는 하나님의 가장 가혹한 심판을 불러온다. 민족 전체와 나라들을 심판하는 장면이 구약에서 계속 이어진다. 어느 경우든지 집단 전체의 부패 때문에 그 집단이 파멸한다. 그러므로 노아 시대 사람들도 마찬가지라는 추정은 타당성이 없지 않다.

홍수 이전에 노아가 복음을 전했는가?

내가 여러 사람에게 들은 말에 따르면 노아가 인류에게 회개를 선포했지만 아무도 귀를 기울이지 않았다고 한다. 하지만 이러한 내용은 창세기 6-9장이나 성경 다른 곳 어디에도 나오지 않는다. 그렇다면 어디에 나올까? 일반적으로 인용하는 두 곳은 예수님의 죽음 이후 수 세기가 지나서 쓰인 것으로 보이는 위경과 베드로후서(벧후 2:5)다. 소위 "아담과 이브의 책"(*The Book of Adam and Eve*)인 그 위경에는 창세기 서사를 자세히 보충해 주는 내용이 많이 들어 있다. 그 책에는 노아가 일종의 설교자로서 악한 인류에게 "우리가 회개하지 않는다면 홍수가 닥쳐서 여러분을 멸망시킬 것이요"라고 말하는 장면이 나온다.[48] 고대 유대 주석가들은 노아를 '묘지에 놓인 향유'에 비유해서, 인간의 부패로 인한 악취 가운데 노아의 의가 향기롭게 풍긴다고 표현했다.[49] 베드로후서 역시 노아를 '의의 전령'(傳令)이라고 부르지만, 베드로가 '전령'(케릭스, keryx)이라는 단어를 노아의 지상 직무를 서술하는 데 사용했는지 아니면 오늘날 노아가 우리에게 하는 역할을 서술하는 데 사용했는지는 판단하기가 쉽지 않다. 베드로후서가 노아를 동원해서 강조하는 점은 하나님은 악한 자들을 살려 두지 않으시며, 듣기를 거부하고 회개하기를 거부하는 사람들에 대해서는 일언

---

48 *The Book of Adam and Eve*, Book 3, Chapter 4. Translation from S. C. Malan, *The Book of Adam and Eve* (London: Williams and Norgate, 1882), 146.

49 *Genesis Rabbah 30.9. Midrash Rabbah: Genesis*, vol. 1, trans. H. Freedman (London: Socino Press, 1961), 238.

반구도 하지 않으신다는 사실이다.

유대교나 기독교 전통에서 유래해서 성경에 더해진 이러한 이야기들을 다룰 때 가장 안전한 방법은 그런 내용은 제쳐두고 성경에만 주의를 집중하는 것이다. 그러면 후대 기독교인과 유대인들이 성경을 어떻게 해석했는지 평가할 수 있으며, 그와 같은 해석의 가치를 가늠할 수 있다. 우리에게 이 홍수 이야기를 들려줄 수 있는 방법이 수십억 가지가 있었겠지만, 하나님은 그중에서 이러한 세부 사항을 곁들여서 이런 식으로 들려주기로 하셨다. 결국 우리는 이렇게 자문해야 한다. "노아의 삶과 관련하여 성경의 저자가 말하지 않은 내용을 나는 왜 말하려고 하는가?"

창세기 5-9장을 끝내며

악인과 무죄한 이가 인간들의 악함으로 인해 똑같이 이용당하고 살해되더라도, 하나님은 사람과 동물을 구속하려는 계획을 중단하지 않으신다. 이 계획에는 독자들이 알아서 상상해야 하는 인류의 조직적인 악과 잔혹 행위를 하나님이 심판하신 후에 홀로 약속하시고 지키신 언약이 들어 있다. 저주에서의 구출은 모든 피조물이 심판을 받음으로써 실현되었지만, 그 구출은 노아 가족을 통해서도 에덴동산의 위임 명령이 인류에게 되풀이되면서 실현되었다. 지상에서 '이름난 사람들'이 악을 번성하게 하면서 시작된 일이 피조물의 재출발로 끝을 맺는다. 이름난 존재가 되는 일, 즉 위대한 이름을 갖기를 원하는 일은 사라지지 않을 것이다. 그 일은 다시 다음 이야기의 줄거리가 된다. 더는 나빠질 수도 없는 상황이지만, 창세기 1-11장의 마지막 이야기인 바벨 도성 건축을 보면 더 나아지지도 않는다.

| 읽 어 볼 글 들 |

- 창세기 5-9장
- 창세기 19:1-22
- 마태복음 24:36-41
- 누가복음 17:26-37

| 생 각 해 볼 질 문 |

01 당신의 결혼식이나 최근에 참석한 결혼식을 떠올려 보라. 결혼식은 어떤 면에서 성경의 언약과 비슷하고 어떤 면에서 차이가 있는가?

_____

_____

02 구원받을 수 없을 정도로 악한 사람들이나 집단을 알고 있는가? 그들은 왜 그렇게 되었는가? 우리가 어떤 사람이 구원받을 수 있다고 평가할 때 왜 그렇게 가정하는가? 하나님의 판단은 우리의 판단과 어떻게 다른가?

_____

_____

03 하나님은 왜 사람과 함께 동물과도 언약을 맺으셨는가? 그 사실에는 오늘날에도 적용되고 지속되는 어떤 중요한 의미가 담겨 있는가?

_____

_____

7장

이름과 나라들(10-11장)

도시들은 비도덕적인가? 이는 우리가 평소에 거의 묻지 않는 질문이다. 내가 강의하고 있는 인문대학은 뉴욕시에 있으며, 월 스트리트에서 엎어지면 코 닿을 거리다. 전 세계적으로 사람들이 경제적인 이유로 도시로 몰려들고 있고, 도시 대부분은 보통 환경적으로 효율적이며 시민 한 명이 사용하는 자원이 전원생활보다 훨씬 적다. 예일대의 최근 연구에 따르면 미국인들은 뉴욕시를 미국에서 '가장 푸르른 도시'라고 여긴다고 한다.[50] 2010년 현재 미국 인구의 80퍼센트가 도시에서 살고 있다. 2010년 인구통

---

50 http://e360.yale.edu/feature/greenest_place_in_the_us_its_not_where_you_think/

51 http://www.census.gov/geo/reference/ua/urban-rural-2010.html

계에 따르면 그렇다.⁵¹ 그런데 때로는 도시들이 자신들이 해야 할 일을 얼렁뚱땅 피하는 느낌이 들지는 않는가?

나는 크고 복잡한 도시에서 사는 것에 종종 죄책감을 느낀다. 혹시라도 내가 나에게 솔직했다면 아마 노새 한 마리를 데리고 40에이커의 땅에서 농사를 짓고 있었으리라. 소설가 웬델 베리는 전원주의자로서 살아가는 이상적인 삶을 제시해 주는데, 그러한 삶에서 농부의 일은 농부가 살고 있는 땅과 곧바로 연결된다.⁵² 자크 엘륄이 주장하기로는 창세기에서 도시는 인류가 죄를 짓던 시대에 생겨났으며, 그 시대 사람들은 하나님을 외면한 채 스스로 안전을 확보하려 했고 에덴에서 잃어버린 것을 되찾으려고 애썼다.⁵³

그러나 성경의 나머지 부분에서는 예루살렘이라는 도성이 이스라엘의 예배의 중심이 된다. 이사야가 본 환상(사 56:1-8; 66:17-24)과 요한이 본 마지막 환상(계 21-22장)에서는 민족들이 그 거룩한 도성에 줄지어 들어온다. 또 '도피 성'이 여럿 있어서 무죄한 이들과 죄인들을 분배 정의 안에서 똑같이 보호하고자 했다.

도시에 문제가 있다면, 사람처럼 도시도 선을 향하도록 바꿀 수 있다. 어쨌든 성경에서 문제가 있다고 밝히는 대상은 바벨이

---

52 Wendell Berry, *The Unsettling of America: Culture and Agriculture* (San Francisco: Sierra Club Books, 1977).
53 Jacques Ellul, *The Meaning of the City* (Grand Rapids, MI: Eerdmans, 1970).

라는 도성 자체인가, 아니면 바벨에 숨어 있는 동기인가? 다시 말해, 도시라면 으레 악한 결말로 향하는 경향이 있는가, 아니면 성경은 바벨(즉 바빌론)에 있는 사람들을 고발하되, 그 도성 자체는 고발하지 않고 있는가?

바벨 사람들의 정체

내가 이십대 중반일 때 아내의 고등학교 동창생을 모임에서 만난 적이 있다. 담소를 나누던 중에 나는 그 친구가 스물네 살인데 부동산 중개 회사를 직접 차렸다는 사실을 알게 되었다. 회사는 아주 번창하고 있었으며, 그 친구는 그 길이 자기 인생에서 갈 수 있는 가장 순조로운 길이라고 생각한다고 했다. 나는 그때까지 내가 해 오던 모든 일에 의문이 생겼다. 회사를 차린다는 것은 대담하면서도 위험해 보였다. 나는 회사를 직접 차리는 일은 나보다 나이가 훨씬 많은 사람들이 하는 일이라고 생각했는데, 그 자리에서 만난 활기 넘치는 사업가는 나보다 어렸다. 그 친구 이야기를 곱씹는 동안 그의 어린 시절이 궁금해졌다. 부모님이 어떻게 키웠기에 그렇게 대담한 일을 벌일 생각을 하게 되었을까? 나중에 알고 보니 친구의 아버지도 부동산 회사를 운영하고 계셨다. 부유한 환경에서 또 기업가 정신으로 양육되었기에, 소득이 낮은 계층에서 자란 사람에게는 큰 위험이 되었을 실패가 그 친구에게는 거의 문제가 되지 않았던 것 같다.

바벨의 기업가적인 사람들이 흙손으로 회반죽을 바르려고 할 때 우리는 이렇게 질문해야 한다. 이 대담한 사람들은 누구이며 또 어디에서 왔는가? 이 질문에 대한 대답이 계보와 노아 이야기의 마지막 부분에 묻혀 있다. 노아와 그 가족이 새로운 아담과 이브로서 홍수 사건 후에 생육하고 번성하라고 위임받았던 사실을 기억하라. 두 이야기에 이러한 유사성이 있으므로 혹시 다른 유사성이 또 있는지 찾아보게 된다. 이를테면 노아의 아들들은 일종의 새로운 가인과 아벨인가?

노아는 제사를 드리고 하나님께 언약을 받은 후에 아담이 하던 일로 돌아와서, 자기보다 앞서 살았던 그 흙사람처럼 '그 흙의 사람'(a man of the dirt)이 된다. 노아는 포도나무를 심어서 포도주를 만들더니 마시고는 취해서 뻗어 버렸다(9:20-21). 노아의 아들이자 가나안의 아버지인 함이 무슨 일을 저질렀기에 노아가 그토록 신랄하게 반응했는지는 분명하게 알 수가 없다. 그러나 함이 무슨 일을 해야 했는지는 분명하다. 함은 취해서 벌거벗은 노아를 가려 주어야 했다.

'흠 없는' 노아가 취해서 벌거벗었고, 함이 한 행동이 창세기 9-10장 나머지 부분의 중심 내용이다. 이 이야기에서는 노아가 함을 저주할 때 함의 아들 가나안을 통해서 저주한다는 사실이 눈에 띈다. 그 저주가 셈과 야벳에게는 일종의 축복이 되었고, 특히 셈에게는 더 그러했다. 그런 다음에 각 아들의 혈통 소개가 이어지면서 "이들은 모모(某某)의 자손이니 각기 종족과 언어와 지역과 부족으로 나뉘었다"라는 정형화된 표현으로 끝난다(10:5, 20, 31).

함의 혈통에서 알 수 있듯이 이 계보는 평범한 가계도와 성격이 다르다. 함의 자녀들의 이름을 살펴보면 특히 눈에 띄는 이름들이 있다. 구스, 애굽, 붓, 가나안이다(10:6).[54] 이는 단순히 자녀들의 이름이라기보다는 나라와 민족의 이름이다. 가나안을 통해 이어지는 함의 자손들이 이스라엘 역사에 내내 등장하기에 우리에게도 낯익은 민족 명단이다.

> 여부스 족속과 아모리 족속과 기르가스 족속과 히위 족속과 알가 족속과 신 족속과 아르왓 족속과 스말 족속과 하맛 족속을 낳았더니 … **가나안**의 경계는 시돈에서부터 그랄을 지나 가사까지와 소돔과 고모라와 아드마와 스보임을 지나 라사까지였더라 (10:16-19, 개역개정)

---

54 역주- 개역개정이나 NIV, KJV 등에서는 애굽(이집트) 대신 미스라임(Mizraim)이라고 번역하는데, 미스라임은 애굽을 가리키는 히브리어다. 미스라임이 애굽을 가리키는 예는 "그 땅 거민 가나안 백성들이 아닷 마당의 애통을 보고 이르되 이는 애굽 사람의 큰 애통이라 하였으므로 그 땅 이름을 아벨미스라임이라 하였으니"(50:11)에도 나온다.

함은 노아를 추행했는가?

노아의 "벌거벗음을 보았다"는 구절은 무슨 뜻인가?[55] 이것을 "성적으로 추행했다"는 뜻이라고 주장하는 이들이 있는데, 그 구절이 이를테면 레위기 18장에서 "그 여자의 벌거벗음을 드러내다"로, 또 "그 여자의 벌거벗음을 보다"(레 20:17)로 묘사하는 성적인 행동과 비슷하기 때문이다. 레위기 18장은 부적절한 성적 행동을 언급하는 맥락이다. 셈과 야벳은 "아버지의 벌거벗음을 보지 않으려고" 뒷걸음질을 쳐서 들어갔다(9:23). 무슨 일이 일어났든지 간에 함의 행동은 전혀 공손하지 않았다고 간주되며, 하나님이 받지 않으셨던 가인의 제물처럼 아마도 독자에게는 더 심하고 고의적인 문제에 대한 표지로 다가올 것이다.

이러한 혈통에 대한 소개가 성경에 여러 형태로 나오는데, 출애굽기 3장, 신명기 7장, 여호수아 3장, 사사기 3장, 열왕기상 9장, 에스라 9장 등이다. 이것은 단순한 계보가 아니다. 장차 이스라엘이라는 나라의 대적이 될 민족들, 구약 전체에서 처음부터 끝까지 이스라엘의 옆구리의 가시가 될 나라들의 혈통이다.

바벨의 사람들과 관련해서는 어떠한가? 이들은 어디에서 왔는가? 함의 계보가 이 점을 알려 준다. "그[니므롯]의 나라는 시날 땅의 **바벨**과 에렉과 악갓과 갈레에서 시작되었으며"(10:10, 개역개정). 바벨은 시날 땅(즉 고대 메소포타미아 지역으로, 현대의 이라크 힐라)에 있으며, 함의 후손들이 살았다. 이러한 정보는 **이 계보에만 나오지만** 다음 이야기의 해석 방식에 상당히 영향을 미친다. 창세

---

55 역주- 개역개정에서는 이 부분을 "하체를 보았다"로 번역한다.

기 11장이 "이에 사람들이 동쪽으로 이동하다가 **시날 평지**를 발견하고서 그곳에 정착했다"는 말로 시작할 때, 이제 우리는 이들을 인류 전체가 아니라 더 정확히는 함의 자손으로 이해한다. 함이 받은 저주와 그의 계보를 알고 있기에 우리는 이들에게 나쁜 일이 일어나리라고 예상할 수 있다.

노아의 자손으로는 야벳(구약에서 야벳의 후손은 중요한 역할을 하지 않는다)과 함(이스라엘의 주요 대적), 셈이 남고 셈의 혈통을 아브람이 잇는다. 다시 말해 이스라엘 이야기가 전체적으로 어디로 가고 있는지를 보려면 창조에서 이 계보까지만 읽어도 충분하다. 바벨 이야기로 이어지는 계보는 노아의 자녀 하나(셈)를 아브람과 아브람의 자손과 단단히 연결한다.

명성, 기술, 정착

바벨 이야기를 들으면 우리는 일단 언어의 혼잡에만 초점을 맞추려는 경향이 있다. '바벨'이라는 단어가 언어의 혼잡과 관련이 있기는 하지만, 언어는 이 이야기에서 중요한 주제가 아니다. 다시 말하자면, 바벨 이야기에서의 갈등과 절정과 해결은 자기 힘으로 이름을 떨치려는 일과 생육하여 땅을 채우기를 거부한 일을 중심으로 돌아간다. 그렇다면 언어가 나뉘고 그들이 흩어진 일은 버티고 앉아서 도성을 건축하려던 그들의 계획을 하나님께서 결론지으신 사건에 대한 서술이다. 그 이야기를 차근차근 이해해 보면, 함의 자손은 시날에 정착해서 회반죽 대신 역청(타르의 일종) 과 벽돌을 사용하여 탑이 있는 도성을 지었다. 고대 독자가 바빌론에 있던 벽돌 탑에 대해 듣는다면 필시 구체적으로 떠올릴 건축 방식이 있다. 바로 지구라트다.

이 이야기는 전혀 복잡하지 않다.

1. 그들에게는 기술이 있다(벽돌과 역청).

2. 그들에게는 계획이 있다(도성과 탑).

3. 그들에게는 목표가 있다(스스로 '이름을 떨치고' 흩어짐을 면하기).

> ### 바벨 사건 이전에는 인류가 모두 똑같은 언어로 말했을까?
>
> 창세기 10장에는 종족에 따라 많은 언어가 있었다는 진술이 나오는데 이것을 11장의 "온 땅의 언어가 하나요 말이 하나였더라"(11:1, 개역개정)라는 진술과 어떻게 조화시킬 수 있을까? 고대 독자처럼 우리도 잠시 멈춰서 여기에서 저자가 무슨 일을 하고 있는지 생각해 보아야 한다. 분명히 바벨 이야기에서는 서로 다른 언어의 유래를 설명하는 것이 목적이 아니다. 10장에서 명료하게 가르치듯이, 서로 다른 지역으로 퍼져 나가서 다양한 종족과 나라의 소속이 된 사람들에게서 다양한 언어가 나왔다. 게다가 창세기 11장은 함 자손이 어느 한 지역에 살다가 동쪽에 있는 시날 평지로 옮겨간 일을 다룬다(11:2). 바벨 이야기의 마지막 부분에서 함 자손의 언어가 다양해졌을 뿐 아니라 그 여러 언어가 서로 다른 지역으로 흩어지고 있던 함 자손과도 일치한다는 데 주목하라.

여기에서는 이들의 기술이나 건축 계획에 문제가 있다고 보이지 않는다. 다시 말해 도시를 성경에서 부정적으로 보는 경우는 그 도시가 행하는 일의 목적이 하나님의 목적을 배반할 때뿐이다(예를 들어 여리고, 바벨, 소돔과 고모라 등등).

칼리 사이먼(Carly Simon)의 히트곡인 "You're So Vain"(너는 허영덩어리야)을 들으면 나는 늘 아이러니하다는 느낌을 받는다. 후렴에서 "너는 허영덩어리야. 아마 이 노래가 너에 대한 것이라고 생각하겠지"라고 노래하지만 사실 이 곡은 이름을 밝히지 않은 남자에 대한 내용이다. 바벨에서 그들은 유명해지기를, 자기들에 대한 찬가와 시(詩)와 소설이 쓰이기를 원했다. 수천 년이 지난 이곳에서 우리는 그들에 대해 생각하며 이렇게 글을 쓰고 있다. 임무 완수인 셈이다.

창세기에서 우리는 이미 네피림을 '이름난 사람들'로 보았고, 노아의 이름을 홍수 사건을 해석하는 열쇠로 보았다. 앞으로는 이름이 더 중요한 역할을 할 것이다. 성경을 보면 하나님이 바빌론 사람들을 처리하신 후 셈의 족보가 소개되면서 바벨을 아브람과 연결 짓는다. 아브람은 바빌론에서 남쪽으로 조금 떨어진 메소포타미아 출신이기도 하다.

바벨의 사람들인 함 자손은 '스스로 이름을 떨치기'를 원한다. 그러나 하나님은 셈 자손인 아브람에게 "내가 **네 이름을 위대하게 해 주겠다**"라고 약속하신다. 너무나 아이러니하게도 셈(Shem)의 이름은 히브리어로 '이름'이라는 뜻이다. 그렇다. ('사내'가 이름인 사내처럼) 셈은 이름이 '이름'인 사람이다. 바벨은 스스로 **이름**(셈, *shem*)을 떨치기를 원했지만, 야훼께서는 이름이 '이름'인 사람을 사용하셔서 아브람을 낳게끔 계획하시고, 아브람의 이름을 위대하게 해 주겠다고 약속하신다. 바벨이 하나님의 명민한 계획을 대적하면서 행한 이 어리석은 수고를 성경 저자가 어떻게 보여 주고자 하는지 이해할 수 있는가?

저자는 거기에서 멈추지 않는다. 바벨의 사람들을 마지막으로 조롱하는 듯이, 그들의 계획에 대한 서술을 하나님의 반응으로 풍자한다. 그들은 신들의 영역인 하늘까지 닿을 높은 탑을 쌓고자 했다. 그렇지만 하나님은 "그 도성과 탑을 보기 위해 내려오셔야" 했다(11:5).

하나님의 해결책이 바벨의 범죄를 보여 주다

도시를 짓는 일 자체가 문제였다면, 바벨을 파괴하는 것이 해결책이었을 것이다. 그러나 문제는 바벨 사람들이나 그들이 짓던 건축물이 아니었다. 그 이야기는 하나님의 계획을 하나님과 동떨어진 채로 맡아서 실행하려던 바벨 사람들의 욕망에 초점을 맞춘다. 에덴에서는 흙사람들이 뱀에게 귀를 기울이더니 앎을 손에 넣었다. 그러자 하나님은 그들이 생명의 나무까지 소유해서 더 어리석어지지 않도록 조치하셨다(3:22-23). 이제 다시 흙사람들이 피조물에 대한 하나님의 명령(생육하여 땅을 가득 채우라!)을 무시한 채 한 도시에 버티고 앉아서 앞서 살던 네피림처럼 이름을 떨치고자 한다. 이에 하나님께서는 당연하게도 그분의 관할권 아래에 있는 1) 안전, 2) 기술의 올바른 사용, 3) 유명해지고자 하는 욕망(하나같이 오늘날 우리가 얻으려고 필사적으로 애쓰는 것들이다)을 그들에게서 빼앗으신다. 마치 우리가 자녀들이 전기톱이나 권총을 들고 놀고 있다는 것을 알았을 때처럼 반응하신다. 본능적으로 우리는 아이들에게서 무기를 빼앗을 것이다. 그리고 아이들이 안전하게 자랄 수 있도록 해 줄 것이다. 하나님은 특별히 바벨 사람들을 멸망시키지 않으시고 새로운 방향으로 돌이켜 주신다.

하나님은 함 자손이 바벨이라는 도성을 건립하면서 얻으려고 했던 일체를 아브람에게 주신다. 함 자손은 스스로 안전을 강구하고자 했지만, 아브람은 하나님께 보호를 약속받았다(아브람은 늘 떠돌아다니던 이주민이었지만, 하나님을 신뢰하려고 애썼고, 심각한 위험 상황으로 자주 내몰렸다. 예를 들면 12:10-12과 같은 경우다). 바벨 사람들은 흩어지지 않으려고 했지만, 하나님은 일종의 해결책으로 그들을 강제로 흩어지게 하시고 언어를 혼잡하게 하심으로써 그 강제 이주를 확실하게 처리하셨다.

그렇다. 하나님은 아브람을 한 민족의 시조로 부르셨고, 그 민족이 앞으로 수 세기에 걸쳐 유목민으로 살면서 계속 땅을 채워 갈 것이다(12:2). 또 바벨 사람들은 자신들의 힘으로 스스로의 **이름을 위대하게 하고자** 했지만, 하나님께서는 아브람의 **이름을 위대하게 해 주겠다**고 약속하신다(12:2). 하나님은 그 일을 당신 자신이 하셔야 할 일로 여기신다. 바벨 사람들은 이 눈부신 토목 공학의 위업을 자기들을 위해 시도했지만, 하나님은 언약을 통해 당신 자신을 아브라함에게 매이게 하셔서 "땅의 모든 민족이 너[아브람]의 안에서 복을 얻도록" 하셨다(12:3). 바벨 사건에서는 단순한 실수를 저지른 사람들이 아니라 하나님의 명령과 반대되는 쪽으로 가고 있는 집단 전체를 그린다.

바벨과 오순절

뭇사람들이 의식하듯이 오순절(행 2장) 사건은 바벨 이야기를 정반대로 뒤집어 놓은 것처럼 보인다. 오순절 날 유대인들이 (북아프리카에서 유럽과 메소포타미아에 이르는) 고대 세계 전역에서 그 성일(히브리어 샤부옷으로 알려진 칠칠절)을 지키러 예루살렘에 들어온다. "바대인과 메대인과 엘람인과 또 메소보다미아, 유대와 갑바도기아, 본도와 아시아, 브루기아와 밤빌리아, 애굽과 및 구레네에 가까운 리비야 여러 지방에 사는 사람들과 로마로부터 온 나그네 곧 유대인과 유대교에 들어온 사람들과 그레데인과 아라비아인들이라"(행 2:9-11a, 개역개정). 바벨 사람들의 계획은 서로가 흩어지고 언어가 혼잡해짐으로써 실패하지만, 오순절 날 성령께서는 흩어진 유대인들의 이 무리가 예루살렘에서 동일한 메시지를 각기 자기 지역의 언어로 이해하도록 도우심으로써 서로 하나가 되게 하신다. "우리가 다 우리의 각 언어로 하나님의 큰 일을 말함을 듣는도다"(행 2:11b, 개역개정). 더 나아가 오순절 사건은 사도들이 예수께서 승천하신 후에, 예수께서 위임하셨던 명령을 이행하기로 시작한 중요한 사건이었다.

창세기 10-11장을 끝내며

흙사람 무리가 피조 세계에서 존재해야 하는 방식을 다시 애써 거스르려고 하고 있다. 흙이 저주를 받았고 흙사람들의 관계가 틀어졌으며 그들은 자기들의 힘으로 명성과 보호를 추구하고자 했다. 바벨 도성 사건은 장차 이스라엘이 겪을 문제를 간략하게 그려 준다. 집단 전체가 개인이나 다른 집단을 착취하고 압제하며 하나님과 동떨어진 안전을 추구하려는 열망으로 똘똘 뭉칠 때 하나님께서는 직접 관여하셔서 알맞게 조정하고 시정하신다. 우리가 창세기를 하나님이 주시는 명령으로 받아들인다면, 공동체로서 우리는 하나님을 떠나서 안전과 명성과 부를 추구하려는 욕망에 얼마나 굴복해 왔는지를 자문해 보아야 한다. 우리가 하나님을 제대로 신뢰해 왔는지를 어떻게 알 수 있을까? 성경의 여러 이야기에 나오듯이 우리는 혼자서 그와 같은 통찰을 깨달을 수가 없다. 우리를 냉철하게 살펴봐 주는 조력자가 필요하다. 우리는 구속받았으나 여전히 그릇된 쪽을 향하고 있기 때문이다.

창세기 1-11장은 몹시 아름다운 히브리 문학 작품이다. 나는 이 부분이 읽히는 방식, 효율적인 표현 사용, 우주에 대해 근본적이고 심오한 개념들을 한데 상호 배치한 내용이 무척 마음에 든다. 성경에서 이 단락은 피조물을 위한 계획을 발표하는 데에 있어서 특히나 치밀하고 포괄적이다. 우리의 온갖 의문에 대한 답이 성경의 이 풍성한 부분에서 시작된다. 그 답이 이 부분에서 마무리되지는 않더라도 말이다. 다음 두 장에서는 오늘날 우리가 직면하는 (진화에서 성 해방에 이르는) 신념과 분투가 우리와 창세기 1-11장에서 얼마나 중요한 이슈인지를 살피겠다.

| 읽 어 볼 글 들 |

- 창세기 10-12장
- 시편 147:12-20_ 찬양의 도성 예루살렘
- 이사야 56:1-8; 66:17-24_ 새 하늘과 새 땅에 있는 예루살렘
- 사도행전 2장_ 바벨 이야기를 뒤집음

| 생 각 해 볼 질 문 |

01 한 도시가 어떻게 선하거나 악할 수 있는가? 현대 도시나 지역 중에 바벨과 비슷한 곳이 있는가?

02 창세기에 분명히 나오지는 않지만, 무엇이 바벨 사람들로 하여금 유명해지기를 바라도록 몰아갔을까? 오늘날에는 무엇이라고 표현할 수 있는가? 당신이 명성을 향해 돌진할 때 하나님은 어떻게 대응하실까?

8장

과학 세계에서의 창세기 1-11장

여러 유형의 기독교인들이 성경의 과학관에 점점 더 관심을 쏟고 있다. 물론 과학과 종교 사이에서는 아주 유명하고도 공공연한 싸움이 벌어지고 있다. 신무신론(New Atheism)의 유명 인사(예를 들면, 리처드 도킨스[Richard Dawkins])와 기독교의 유명 인사(예를 들면, 리 스트로벨[Lee Strobel])들이 이 문제를 놓고 끈질기게 싸우고 있다. 이러한 '논쟁'은 성경 문헌의 성격이나 종교의 역할, 과학 자체의 종교적 성격에 대한 반성을 불러일으키기보다는 기존의 확신자들의 결속을 다지는 방향으로 나아가곤 한다. 일부 신학자들의 주장에 따르면 과학은 성경적으로 세상을 이해하는 방식 중 하나이며, 그래서 과학과 기독교가 굳이 대립할 필요가 없

다는 말이 하나도 이상하지 않다고 한다.[56]

우리는 이미 창세기 2-3장에서도 과학과 성경의 탐구 형식이 유사하다는 점을 확인할 수 있었다. 창세기에서 사람이 어떻게 앎에 이르렀는가 하는 우려의 핵심에는, 적절한 안내자에게 귀를 기울여서 그 지시를 구현하는 일과 관련이 있었음을 기억하라. 흙사람이 에덴에서 어느 권위 있는 목소리에 귀를 기울여서 그의 명령을 따르자 타락하는 방식으로 앎에 이르렀다. 이에 우리는 권위 있는 목소리를 신뢰하여 그가 말하는 바를 실행할 때 무엇이 참과 거짓인지 분간할 수 있어야 한다. 여기에서 어느 목소리에 주의를 기울이느냐 하는 문제가 튀어나온다.

근본적으로 과학 학습은 누가 전문적으로 아는 사람들인지를 (예를 들어 수석 과학자들) 중요시한다. 이 전문가들은 구현해 내는 조치(예를 들면 실험)를 지시하는 자들로서, 다른 이들에게 그 조치를 맡아서 실행하라고 요구하는데, 이는 자기들이 무엇을 보여 주고자 함인지 알려 주기 위해서다. **과학적인 학습**이 되려면, 과학자

---

56 과학의 질문과 성경의 질문 사이의 연관성을 확인한 이들이 나 말고도 더 있다. 다음 책들을 비교해 보라. T. F. Torrance, *Christian Theology and Scientific Culture* (Eugene, OR: Wipf & Stock, 1998), 161; and Dru Johnson, *Biblical Knowing: A Scriptural Epistemology of Error* (Eugene, OR: Cascade, 2013), 122-48. 참조. Michael Polanyi, *Personal Knowledge: Towards a Post-critical Philosophy* (Chicago: University of Chicago Press, 1962).

들이 공동체 안에서 서로의 의견에 귀를 기울여야 하고, 서로의 보고서를 신뢰해야 한다. 한 과학자가 자기 실험실에서 새로운 무언가를 보았다고 해도 그것이 곧바로 과학 지식으로 인정되지는 않는다. 다른 과학자들이 그의 의견에 귀를 기울이고, 신뢰하는 가운데 각자의 실험실에서 동일한 과정을 구현하여 무언가를 **과학적으로** 알게 되었을 때에야 비로소 과학 지식으로 인정받는다.

신뢰, 공동체, 과정, 현실 직시는 성경 지식의 틀에서만큼이나 과학 지식에서도 중요한 역할을 한다. 창세기 1-3장은 탐구라는 주제에 관심이 없지는 않다. 사람이 어떻게 무엇을 아느냐가, 선과 악에 대한 **지식이** 에덴 이야기에서 핵심 기능을 한다. 과학 산업처럼 성경도 전반적으로, 특히 창세기 1-11장은 **누가 무엇을 어떻게** 아느냐에 주의를 기울인다. 그러므로 성경의 지식 추구와 과학의 지식 추구에는 중복되는 접촉점이 있을지도 모른다고 가정할 수 있다. 종교와 과학은 합리성이라는 영역에서 서로 양극단에 있지 않으며, 인간에 대한 지식과 관련해서는 관심사가 꽤 비슷하다.

그러나 충돌 지점도 있다. 예를 들어 진화론이 표면으로 나와서 창세기 1-3장에 나오는 창조 기사를 반박한다(이를테면 인간은 근본적으로 **유인원**의 하위 부류 중 한 부류의 자손이지 에덴에 있던 한 남자와 여자의 자손이 아니라고 반박함). 그러나 서구 세계에서 기독교인들은 성경적 창조론(즉 역사상 남자와 여자의 특별한 창조)을 지지하는 것을 부끄럽게 여기는 경향이 있다. 성경 재해석에 있어서 진화의 역할 문제는 현대 과학 세상에서 창세기를 어떻게 생각할지와 관련하여 훌륭한 사례 연구를 제공한다. 일부 성경학자는 창세기 1-3장을 진화와 조화시키기를 포기해 버렸다. 그들에게 창세기 1-11장은 순전히 히브리인들의 상상에서 나온 공상 이야기에서부터, 대대로 전해 내려온 히브리인의 기원 설화와 연관 지으려는 신앙적인 시도에 이르기까지 무엇이든 될 수 있다.

성경의 창조 기사가 진화론[57]에 대한 신학적 비판을 제시한다고 생각한 사람은 거의 없었다. 성경 저자들이 창조에 대한 현대의 여러 가정에 접근할 도구를 주고 있다는 전망은 더는 나무에 남아 있을 수 없을 정도로 무르익었다.

진화와 성경의 창조 이야기

누구에게나 창조 이야기[58]가 있다. 물리학자들은 빅뱅과 관련

---

57 역주- 저자가 evolutionary creation stories라는 용어를 사용하는데, 이후 서술 내용으로 미루어 보아, 세상이 어떻게 생겨나게 되었는지를 가리킬 때 creation이라는 용어를 쓰는 것 같다. 즉 이 책에서 evolutionary creation stories는 여러 과학 분야에서 살펴본 진화론을 가리키는 용어이지, 유신진화론(창조진화론)을 가리키는 것 같지 않다. 그래서 revolution-creation을 '진화창조론'이 아니라 '진화론'으로 옮겼다.

58 역주- 위 각주 57번에서 설명했듯이 저자는 creation story라는 표현을 창조론과는 다른 뉘앙스로, 세상이나 인류가 어떻게 생겨났는지를 말하는 표현으로 사용한다. 그래서 9장에서 '창조 이야기'라고 번역한 표현은 성경의 창조 기사를 가리키거나 창조론 편에 있는 이야기가 아니라 단순히 세상이 어떻게 지금처럼 존재하게 되었는지를 설명하려는 여러 시도를 가리킨다.

한 창조 이야기를 들려준다. 온 우주가 극소 물질인 핵 속에 압축되어 있었다가 불가사의하게 사방 천지로 폭발하면서 탄생했다고 한다. 우주 전체가 어떻게 그토록 작게 압축될 수 있었으며, 무엇 때문에 '꽝'(bang) 터졌는가? 아무도 확실히 알지 못한다. 지구와 인간의 의의에 대한 가정은 우리가 그저 우연히 이러한 우주적 빅뱅의 부산물이 되었다는 사실로 연결된다.

「내셔널 지오그래픽 매거진」(National Geographic Magazine)은 "우주"라는 제목의 기사에서 이런 식으로 요약한다. "오랫동안 인류는 자기 역할이 지극히 중요하다고 확신했으나 우주에 대한 우리의 이미지가 폭발해 버리면서 그 확신을 잃었다. 이제 우리가 알기에 지구는 평범한 별 주위를 도는 하찮은 알갱이 한 알일 뿐이다." 아이러니하게도 이 기사에서 두 단락 아래에, 사색에 잠긴 천체 물리학자가 똑같이 복잡한 우주에 대해서 이렇게 말하는 내용이 나온다. "직감적으로는 설명할 수 없지만 나는 이 소중하고 작고 푸른 지구가 이러한 식으로 존재하는 까닭을 이해하고픈 개인적 갈망이 있다."[59]

생물학자들은 세포 생명이라는 기적과 관련하여 창조 이야기를 들려준다. 화학 물질로 된 원시 수프(primordial soup, 지구상에

---

59 Joel L. Swerdlow, "The Universe", in *National Geographic Magazine* 196, no. 4 (Oct 1999): 37.

생명을 발생시킨 유기물의 혼합 용액)와 에너지가 생물학적으로 생명체를 형성할 기본 구성물을 만들어 낸다는 것이다. 이들은 미생물이 급격히 증가하여 지구의 자원 사이에서 어마어마한 경쟁 상태가 생긴다고 서술한다. 그것은 일종의 이판사판인 세포 경쟁으로서 살아남는 것이 목표이지만 후일에 생식을 통해 유전자를 연장시키기 위한 경쟁이기도 하다. 그러나 지상에 출현한 적 있는 생명체가 수치상 조금도 같지 않다는 사실에 그 분야를 연구하는 이들은 지금도 곤혹스러워한다. 사실 그러한 통계적인 불가능성 때문에 옥스퍼드의 철학자이자 유명한 무신론자이던 안토니 플루가 결국은 (기독교는 아니지만) 유신론으로 전향했다. 플루는 그 증거와 대면하자 무신론을 향한 태도를 바꿀 수밖에 없었다. "해가 거듭 지나면서, 생명체의 다채로움과 내재된 지성에 대한 발견이 늘어 갈수록, 화학물 수프가 불가사의하게 유전자 코드를 생성해 낼 수 있었을 가능성은 줄어들었다."[60]

진화 인류학자들은 생명체가 어떻게 발전해서 영장류가 되었는지, 즉 단순히 가장 적합한 유전 형질의 생존을 넘어서는 변화가 어떻게 해서 일어났는지를 다루는 창조 이야기를 들려준다. 생존은 결국 사회 영역에서 한 사람의 환경 적합성과 관계가 있게 되었

---

[60] Antony Flew, interview by Benjamin Wiker, *To The Source* (blog), October 30, 2007.

다. '적자생존'에 있는 '적자'(fittest)는 영장류가 유인원이 되고, 다른 부류 중에서 일부 유인원이 별안간 인간이 되면서 새로운 의미를 지니게 되었다고 한다. 창세기 역시 우주와 지구와 그곳에 사는 존재들에 대한 이야기를 들려준다는 점은 분명하다. 창세기가 아주 포괄적으로 이야기를 하고 있기는 하지만, 창세기 이야기의 중심 지점에서는 인류학 이야기의 핵심 지점과 마찬가지로 희소성이라는 관점에서의 생존, 유전자 번식, 환경에 대한 적합성을 다룬다.

우리는 성경적 창조 서사와 과학적 창조 서사 두 가지를 알고 있으며, 둘 다 어딘가에서 비롯되었다. 진화론은 지난 두 세기의 과학 전통에서 나왔다. 따라서 기독교인이 진화와 성경을 조화시키고 싶다면 진화한 유인원 중의 특정 유형을 야훼께서 어떻게 확실히 '인간'이 되게 하셨는지를 설명해야 한다.

성경의 서술 역시 어딘가에서 비롯되었다. 그 서술은 이스라엘이라는 민족 내에서 문서로 전해 내려왔으며, 창세기는 이스라엘의 이야기를 전달해 준다. 그러나 성경의 창조 서사와 과학의 창조 서사를 합치면 창세기 이야기가 전제로 하려는 내용 중 일부가 왜곡되거나 사라진다. 다시 말해, 진화와 창세기의 창조 이야기를 합치는 일은 각기 일부 내용을 양극단에 남겨두고 와야 가능하다. 그러면 이런 질문이 생긴다. "**한 이야기를 해석하는 데 있어서 어느 이야기가 우선권을 갖는가?**"

진화와 창세기의 공유 관심사

'진화'라는 용어에는 다양한 용법과 층이 있다. 내가 '진화'라고 말할 때는 현재의 생물학적 다양성에 대한 설명을 의미하며, 적자생존, 자원의 희소성, 번식이 그 바탕에 있다. 이 세 원리는 인류가 어떻게 해서 세계를 지배하는 자리에 올랐는지를 설명해 준다. 또 이 세 원리는 그 후 150년 동안 생물학에서 지배적인 세력이 되었으며, 성경적 창조론의 관심사와 매우 비슷하다.

유성 번식, 희소성의 문제, 각 환경에 적합한 생물, 이 셋은 성경 본문이 집중하는 사항과 정확히 일치한다. 동료 격인 이집트나 메소포타미아의 창조 서사와 달리 성경의 창조 서사는 오늘날 생물학 개론 강좌에서 논하는 원리와 똑같은 원리를 지향한다.

창세기 기사에서는 하나님을 공급하시는 존재로 묘사하며, 하나님의 공급 덕분에 인류는 생존을 위한 경쟁을 하지 않아도 된다. 음식이 넉넉하게 공급되고 인류가 자기들이 경작하는 동산(흙)으로, 그 동산을 위해 지어졌기에 생존에 대한 두려움이 종(種)의 번식의 큰 이유가 되지 않는다. 보통 우리는 진화의 과정에 도덕적 수식어를 붙이지 않지만, 다른 종에서 실행되는 방법으로 인간도 번식한다면 우리는 이를 '성폭행'이라고 일컬으리라. 오로지 생존에 대한 두려움 때문에 번식한다면 번식이라는 진화의 목적은 다소 소름끼치는 수단이 되고 만다.

그러나 창세기가 묘사하는 동산에서는 식량이 창조주 하나님과 협력하여 일(예를 들어 동산을 가꾸는 일)을 하는 데서 나오며, 번식은 일부일처 관계를 통해서만 일어나서 여자와 남자는 그 관계에 적합하게 지음받았다. 다시 말해 여자와 남자의 **적합성**(fittedness)은 동산에 대해서만이 아니라 서로에게도 해당되고, 그 적합성이 이들의 결혼 관계의 길을 닦는다.

창세기가 비판하는 현대 기사

한 번 더 말하자면, 우리가 기독교의 형식대로 인간의 진화를 주장한다면 우리에게는 성경 서사와 과학 서사라는 두 가지 역사적 서사가 있다고 볼 수 있다. 이 두 서사의 공통 관심사는 희소성, 유성 번식, 적합성이다. 종의 번식이라는 개념에서는 자녀라는 결과를 낳는 성관계의 동기를 설명해야 한다. 적합성에서는 생물이 어떻게 해서 상호 보완하면서 동시에 환경에 적응하는지를 설명해야 한다. 기독교 전통에 속한 진화 과학자들은 하나님의 손길이 대진화(macroevolution)의 순전히 무작위적인 힘을 이용하거나 그 힘을 약화시켰다고 설명한다. 하나님이 어느 단계에 이르기까지 유인원의 진화를 인도하셨고 진화 과정의 어느 지점에 이르러서는 유인원을 '인간'이라고 할 만하다고 여기셨다고 한다. 그러나 이것은 단순한 과학적 기술이 아니다. 이것은 역사와 관련한 주장이기도 하다. 성경 기사처럼 진화론의 이야기 역시 인간의 역사를 주장하는데, 그 세부 사항은 모호하지만 이야기에서 전환점은 분명하다.

야훼 엘로힘께서는 창세기 화자(話者)를 위해 직접 **흙**으로 **흙사람을 빚으신 다음에 그 흙사람에게 적합한 짝을 만들어 주시는데**, 남자가 하나님께 이끌리어 그 사실을 깨닫게 된다(2:7, 22-23 참고). 근원에 대한 성경 이야기는 번식과 적합이라는 질문에 무관심하지 않다. 사실 이 두 주제가 이스라엘의 기원 이야기의 중심을 차지한다. 하나님은 이 부부가 서로 상대방에게 또 환경에 적합하도록 만드셨으며, 이들은 그 사실을 깨달아야 했다! 창세기 1-2장이 자원을 놓고 경쟁하는 모습을 그리지 않는 까닭은, 하나님이 이들을 희소성이 없도록 설계된 동산에 적합하도록 만드셨기 때문이다.

창세기 화자는 번식을 위한 생산적 성관계에 신경을 쓴다. 그러나 그 이야기를 결혼이라는 제약 안에서 말하며(예를 들어 2-4장), 이 내용은 나중에 토라에 나오는 성에 대한 명령 전체와 연결된다.

성경의 창조 기사와 진화의 창조 기사 모두 인류의 이야기에 있는 동일한 사항을 알려 준다. 신다윈주의의 설명뿐 아니라 창세기 기사도 희소성과 번식과 적합성의 문제가 결국은 인류로 이어지도록 짜인 계획이라고 말한다. 또 창세기에서 성관계는 번식을 위한 것일 뿐 아니라 남자-여자의 결혼 관계에서도 모종의 역할을 한다. 그러므로 기독교적 진화에 대한 진지한 설명이라면 진화 생물학을 염두에 둔 채로 역사적으로 새로운 창조 기사를 만들고 싶은 지점에서 성경의 기사를 비난하든지 기꺼이 받아들이든지 해야 한다.

과학과 창세기

사실 성경과 과학은 같은 일을 서로 다른 관점에서 이야기하고 있을 뿐이라고 말한 이들도 있었다. 어느 정도는 맞는 말이다. 이를테면 과학자들은 자연에 있지만 설명은 할 수 없는 현실에 숨어 있는 신적 힘을 확인하는 데는 관심이 없다. 성경은 그와 같은 일을 설명하는 데 관심이 있다. 그러나 과학과 창세기를 서로 구분할 때 위험한 점은, 창세기 저자의 탐구 태도가 합리적이지 않다고 가정하거나 증거를 바탕으로 하는 설명보다는 종교적인 설명을 사용한다고 가정하는 것이다.

과학자들이 우주의 기원을 설명할 때 인과관계를 사용하듯이 히브리인들도 그러했다. 히브리인들은 물질 전체가 어딘가에서 유래했어야 하며, 존재의 동기가 있어야 한다고 가정했다. 히브리인들은 인간의 존재 동기와, 별들과 나무들과 사람들이 형성되는 일이 야훼 엘로힘 그분에게서 시작된다고 보았다.

과학의 이야기를 일일이 창세기와 비교 검토하는 기독교인에게는 그 둘을 일치시키고 싶은 유혹이 너무나 강렬하게 다가온다. 그러나 오늘날 창조 이야기에서 지배적인 내용인 진화가 창세기에서 시작하는 이야기와 조화를 이루어야 한다면, 성경 전체에서 기본적으로 창조가 하는 역할을 무시해서는 안 된다. 창세기는 성경 안에서 일종의 부록이나 전설쯤으로 취급받지 않는다. 창세기가 본문으로서 행하는 일에 예민하게 반응하는 진화 기사를 아직 본 적이 없다고 해서 그 일이 불가능한 것은 아니다. 그러나 과학의 이야기가 성경의 이야기를 해석하는 주된 수단이 된다면, 성경이 세상을 설명하는, 합리적이고 역사적인 호소를 무시해 버리고 마는 것이다.

읽어 볼 글들

피조물에 나타나는 하나님의 세심한 예비하심

- 창세기 1-2장
- 신명기 28:1-14
- 욥기 38-42장
- 시편 19, 104편
- 마태복음 6장
- 사도행전 17:16-34
- 요한계시록 21-22장

생각해 볼 질문

01 우리가 일상에서 세상을 이해하려고 할 때 신뢰나 믿음은 어떠한 역할을 하는가? 예를 들어, 신문 구독을 생각해 보라.

_____

02 우리 삶에서 권위 있는 목소리는 누구이며, 그들은 어떤 식으로 우리를 이끌어서 앎에 이르게 하는가? 그들은 우리에게 어떠한 종류의 의식이나 과정을 구현하라고 권유하는가?

_____

03 과학은 일종의 '신앙 공동체'인가? 과학적 기업은 교회와 어떻게 다른가?

_____

9장

윤리학 세계에서의 창세기 1-11장

 인간으로서 우리는 어떻게 행동해야 하는가? 우리는 한 식물 종의 멸종을 막기 위해 어떻게 노력해야 하는가? 인간이 악해지는 때는 언제인가? 결혼 제도란 무엇이며, 누구를 위한 것인가? 공정성(fairness)이 정말로 우리가 서로 교류하는 목표인가? 궁극적으로, 모든 윤리적 질문은 기원을 살펴봄으로써 답을 찾는다. 우리 문화 안에, 인간을 도덕적으로 무지하지만 윤리적인 존재가 되기 위해 조금씩 배워 가는 동굴 속 인물이라고 묘사하는 기원 이야기가 있다면, 그 시각이 우리가 위에 있는 질문에 대답하는 방식에 직접적으로 영향을 미칠 것이다. 우리 사회의 다수가 생각하는 대로 결정되는 사회적 해석이 윤리라고 믿는다면, 우리의 대답 역시 그 뒤를 따라갈 것이다.

창세기에 나오는 기원 이야기는 전통적으로 서구 사회가 위와 같은 여러 질문에 답하는 방식을 이끌어 왔다. 그동안은 창세기가 우주에서 인간의 윤리적 책임에 대한 사고를 형성하는 역할을 했으나 지난 세기에 들어 그 역할이 축소되었다. 비록 윤리학이 창세기를 무시하더라도 윤리학의 영역 하나하나는 어느 지점에서든지 창세기와 신학적으로 연결된다. 그러나 나는 간단한 연결을 아래에 제시하여, 여러분의 윤리적 상상력을 북돋아서 창세기가 특정한 상황에서, 이를테면 죽어 가고 있는 형제자매를 위해 의학적인 생명 유지 장치를 사용하는 것이나 또는 흡연을 세련되게 장려하는 것처럼 사회적으로 복잡한 문제들에 대해 어떻게 말할지를 생각해 보고자 한다. 정글과 같은 윤리적 사고의 성경적 뿌리가 에덴과 그 외 여러 곳에 있으므로, 창세기가 그 자체의 독특한 방식으로 우주의 이야기를 우리에게 들려주면서 무엇을 말하고 실행하고 있는지를 신중히 살펴보는 것은 가치 있는 일이다.

생태 윤리학

철학자들 사이에서는 공공연한 사실처럼, 세상과 관련한 근대의 사고에는 신적 보살핌이라는 개념이 전혀 없기에 그 결과 인간이 감당해야 할 윤리적인 부담이 어마어마하게 커졌다. 예를 들어, 아프리카 코끼리가 멸종 직전이라면 육중한 덩치로 느릿느

릿하게 움직이는 이 짐승의 죽음은 우리만 막을 수 있다. 이것은 우리가 져야 할 짐이지 다른 누군가의 짐이 아니다. 땅을 보살피는 책임이 하나님에게 있다는 전통적인 신앙관이 생태계의 재앙은 인간이 스스로 막아야 한다는 개념으로 변했다. 예수님의 가르침("들판에 있는 백합화를 생각해 보라")이나 아테네에서 바울이 한 말("그분이 모든 인류에게 생명과 호흡과 만물을 주신다")만 들어보아도, 인류의 생태학적 역할의 균형이 잡힌다.

윤리학자들이 경고하는 대로 우리가 어느 한 종(種)을 구하기를 원한다면 그 동물의 멸종을 막기 위해 다른 동물들에게는 폭력을 저질러야 한다. 게다가 우리는 모든 종(種)을 구할 수도 없다. 그러면 어느 종을 구해야 하는지를 어떻게 결정해야 할까? 무엇을 근거로 해서 보존할 동물과 식물과 지역을 결정해야 할까? 동물과 식물의 가치를 결정하는 것은 무엇일까?

예를 들면, 우리 집 근처에 있는 습지들은 수 세기 전에 미국 원주민들이 강의 물줄기를 바꾸면서 생성되었기에 그 시대에는 일종의 생태 재앙이나 다름없었다. 하지만 오늘날에는 그 습지들을 보존하기 위해 애를 쓴다. 어떤 종류의 동물과 환경을 보호하려면 다른 동물들과 환경에는 폭력을 가할 수밖에 없기에 이러한 결정은 항상 윤리적인 문제와 관련이 있다.[61] 한 동물을 구하려면

---

61 Thom Van Dooren, "Invasive Species in Penguin Worlds: An Ethical

다른 동물들을 죽일 수밖에 없는 것이다.

성경 이야기에서는 보호에 대한 부담을 다르게 표현한다. 단순히 상황을 뒤집어서 그 부담을 하나님에게만 지우지는 않는다. 노아 이후로 하나님께서는 우주를 인간과 동물에게 유익한 방향으로 조정하시지만 우리 역시 인간과 동물에 대한 행동에 책임을 져야 한다(6:3-6). 이러한 윤리적인 대우의 개념은 모세오경의 나머지 부분에서 더욱 심화된다(예를 들어 출 23:4-5). 게다가 창세기 1-11장에서도 인간과 동물이 죽음에 이를 상황에 대해 미리 깊이 생각해 보라고 할 정도로 잠재적으로 생명을 귀하게 여긴다(9:4-6).

창세기의 우주 이야기에서 묘사하는 하나님은 동물과 인류를 보살피는 데 깊이 관여하시지만, 유독 흙사람들에게는 하나님이 하시듯이 동물과 인류를 보살피기를 기대하신다. 생태 문제에 관해서라면 우리는 땅에 대한 청지기직을 우리가 굳이 감당할 필요는 없다거나 우리가 땅을 구하는 역할을 맡지 않았다고 생각할지도 모른다. 우리는 생태학적으로 책임 있는 삶을 살아야 하지만 그렇다고 환경에 대해 구세주의 역할을 할 필요는 없다. 하나님께서 우리에게 주신 것을 보살필 수는 있지만 우리만이 그것을 구원할 수 있는 듯이 살아갈 필요는 없는 것이다. 성경은 우리에게 생태계에 대하여 자유

Taxonomy of Killing for Conservation", *Conservation and Society*, vol. 9, no. 4 (2011): 286-98.

로운 책임이라는 관점을 제시한다. 생태계에 대한 우리의 견해를 이끌어 주는 데 있어서 창세기 1-11장이 할 말이 있다는 뜻이다.

악과 평등의 본성

히틀러는 악한가? 철학 수업에서 선과 악을 논할 때 내가 던지는 질문이다. 물론 대부분은 그렇다고 대답한다. 확답을 피하려는 이들도 더러 있다. 우리가 누군가를 **악하다**고 할 때 그 의미는 무엇인가? 그 사람 안에 '악'이라고 불리는, 무언가 불쾌하고도 형이상학적인 실체(substance)가 있다는 뜻인가? 아니면 그 사람의 존재 자체가 다 악하다는 의미인가? 아니면 잠재적으로는 선하지만 현재 악하게 행동하고 있다는 의미인가?

세 가지 대답은 악의 문제에 관련하여 서로 다른 해결책을 요구한다. 이를테면 악마와 같은 악한 실체가 히틀러 안에 있었기 때문에 히틀러가 악하게 되었다고 대답한다면 그 실체를 제거하는 것이 해결책이다. 히틀러 자체가 악이라면, 히틀러 자체를 없애야 한다. 이 말은 아이러니하다. 사회의 해충이자 사람만도 못하고 악하기까지 한 부류가 있다고 말한 사람은 다름 아닌 히틀러가 아니던가? 히틀러는 유대인, 동성애자들, '저능한 이들' 등등을 그런 부류로 취급하여 그들을 없애는 것을 해결책으로 내세웠다. 결국 존재 자체가 악하다면 구원은 불가능하다.

선하지만 잘못되어 버린 것을 구속(救贖)하시는 분으로 창세기가 하나님을 묘사한다면, 우리가 사람들을 그들의 현재 행동 방식과는 별개로 대해야 할 이유가 창세기에 뚜렷하게 나와 있는 것이다. 나는 내 자녀들이 화나서 씩씩거리거나 징징대고 있어도 지금 이 행동들이 아이들의 본성을 규정하지는 않음을 알기 때문에 너그럽게 대할 수 있다. 내 아이들은 울보가 아니라, 갑자기 울음이 북받쳐 오른 착한 아이들이다. 솔직히 이것이 적어도 불완전하게라도 옳지 않다면 우리는 모두 망한 셈이다.

내가 악행을 저지르고 있다고 해도 내 존재 자체가 악하다는 말은 아니라는 이러한 가정의 근본 성격을 이해하고 넘어가야 한다. 이와 같은 의미에서 우리는 모두 행동과는 별개로 공유하는 특성이 있다. 너나없이 우리는 '하나님의 형상으로 창조된' 존재인데, 이 혁명적이지만 상투적인 구절은 우리가 기독교적으로 인간을 표현할 때 입에서 술술 나오는 구절이다. 더욱이 창조의 일주일 구조는 우리의 기본 특성을 더욱 강화시킨다. 안식일의 쉼은 농업이 생계 수단인 세계 대부분에서는, 오늘날에도 전례가 없는 일이지만, 사회 계급이나 특권과 상관없이 모든 사람이 누려야 한다. 제레미아 원터먼은 안식일의 쉼의 민주화적 영향력에 대해 이렇게 주장한다. "일주일 중 하루(그리고 특정 절기)가 온전히 모든 이에게 평등했으며, 아무도 다른 이에게 그날에 일하라고 할 수 없었다."[62] 평등 이념이 모세오경에 두루 퍼져 있는데, 이는 고대 근동의 어떤 문서에도 나오지 않는 이념이다. 인간 평등이라는 이념을 주장하고자 한다면 그 주장의 가장 오래된 뿌리를 그리스가 아니라 창세기에서 찾아야 한다.

악이 본성이 아니라 일종의 성향이라는 사실은 우리가 구속의 개념을 이해하도록 돕는 동시에 그 구속이 모든 흙사람에게 평등하게 적용되는 것을 보도록 도와준다. 따라서 우리의 선악 개념은 구속과 평등에 대한 관점에 직접적으로 영향을 미친다.

그렇기는 하지만 성경의 저자들은 악을 단순한 성향으로 한정 짓지 않는다. 홍수 사건 이전에도 인간에게 악이 가득하다고 보았으며("그의 마음으로 생각하는 모든 계획이 항상 악할 뿐임을"[6:5, 개역개정]), 홍수 사건 이후에도 전혀 변하지 않았다고 단언한다("사람의 마음이 계획하는 바가 어려서부터 악함이라"[8:21, 개역개정]).

충격적이지만, 인간만 악을 계획하고 실행하지는 않는다. 하나님도 그렇게 하신다![63] 그러나 악을 선과 정반대인 일종의 힘이

---

62 Jeremiah Unterman, *Justice for All: How the Jewish Bible Revolutionized Ethics* (Philadelphia: Jewish Publication Society, 2017), 21.
63 출애굽기 32:12-14, 신명기 30:15, 열왕기상 9:9, 21:21, 열왕기하 21:12 등과 같은 단락을 살펴보면, 현대 성경 번역에서는 하나님이 악을 계획하거나 실행하시는 당사자일 때는 '악'을 '재앙', '재난', '역경'과 같은 단어로 바꾸었다. 그러나 히브리어로는 악을 사람이 행하든 하나님이 행하시든 똑같은 단어를 사용한다(라[ra]).

나 실체로 보는 후대의 개념이 우리에게 지나치게 흠뻑 스며들어 있다면 하나님이 악을 계획하고 행하는 데 관여하신다는 사실에 당황할 수밖에 없다.

'악'에 해당하는 히브리 단어(라[*ra*])는 '재앙'이나 '재난'을 의미할 수도 있다. '선'이 '번성'이나 '본래 있어야 하는 그대로인 상황'에 더 가까운 뜻이듯이 '악' 역시 '암적인'이나 '파멸을 초래하는'을 뜻할 수도 있다. 하나님께서는 이스라엘이나 다른 민족이 심판받아 마땅한 경우에 재앙이 내리도록 허락(때로는 계획)하신다. '악'(라)이라는 표현을 들먹이지 않더라도 대홍수나 후에 일어난 소돔과 고모라의 멸망은 분명히 **재앙을 초래하는** 사회에 대한 심판으로, 하나님이 준비하신 **재앙**으로 간주된다.

악에 대한 이 모든 논의 때문에 우울해질 수도 있지만, 우리는 **선(善)의 문제** 또한 고려한 후에야 이 주제에서 떠나야 한다. 대부분 **악의 문제**(Problem of Evil)에 대해서는 들어보았을 것이다. 악의 문제는 일종의 철학적 논쟁으로, 선하고 능력 있는 신이, 어떻게 악한 일이 특히나 선한 사람들에게 일어나도록 허용할 수 있는지에 대해 고심한다. 이 논쟁의 가정에 따르면 그러한 신은 선하지 않든지(즉 신은 악한 일을 행하기를 좋아한다), 능력이 없다(즉 신은 악한 일이 일어나지 않도록 할 수가 없다). 그러나 정신과 의사인 스캇 펙(기독교인은 아니다)은 그 문제를 뒤집어 놓는다.

9장 : 윤리학 세계에서의 창세기 1-11장

이를테면 악의 문제는 선의 문제와 거의 떼어놓을 수 없다. 세상에 선이 없다면 우리는 악의 문제를 생각조차 하지 않을 것이다. 이상한 일이다. 나는 환자나 지인에게 "박사님, 도대체 세상에 왜 악이 존재하죠?"라는 질문을 수십 번 받았다. 그러나 근래 몇 년 동안 "도대체 세상에 왜 선이 존재하죠?"라는 질문은 아무도 하지 않았다. 마치 무의식적으로 우리는 이 세상이 본래는 선한데 어쩌다 보니 악에 물들어 버렸다고 가정하는 듯하다.[64]

스캇 펙의 견해대로, 우리는 본래 있어야 하는 길이 그대로 있는데 악이 암적인 요소처럼 그 길에 끼어들었다는 것을 전혀 의심 없이 받아들인다. 그러나 선의 문제에 대한 증거가 빈약하듯이 악의 문제에 대한 증거 역시 빈약하다. 그저 우리가 선에 대해 불평하지 않을 뿐이다. 모든 필요가 충족되었다든지, 식료품이 싸다, 또는 집이 크다 등의 이유로 삶이 선하다고 생각하는 이들도 있을 것이다. 서구 사회에서는 대체로 인생이 잘 풀리고 있을 때 선하다고들 여기는데, 그러한 인식의 기반인 소비주의 행동 양식은, 그 양식이 세상의 다른 곳에 있는 가난한 사람들에게 어떠한 영향을 미치는지를 따져 본다면 악하다고 간주될지도 모른다. 그러므로 창세기의 관점에서는 선과 악 모두를 창조에서

---

[64] M. Scott Peck, People of the Lie (New York: Simon and Schuster, 1983), 41. 『스캇 펙의 거짓의 사람들』(비전과리더십, 2007).

시작된 이스라엘 이야기에 따라 평가해야 한다. 선과 악과 같은 용어를 성경적인 근거 없이 정의하려는 시도들이 많이 있었지만, 어느 것 하나도 선이 부분적으로는 자의적이라거나 이기적이라는 개념 말고는 실제 선의 개념이 무엇인지 확실하게 말해 주지 못한다.

가족과 성 윤리학

성(性)은 창세기에서 처음부터 끝까지 수시로 나오는 주제다. 하나님께서는 마치 그렇게 해야 하셨다는 듯이 생식을 위한 성관계를 완곡한 표현으로 명령하신다. "생육하고 번성하라"(1:28). 남자와 여자가 에덴동산에서 성적으로 친밀했는지는 분명하지 않지만, 창세기 4장에서는 성적 생산성의 사례 세 가지를 강조하면서 전혀 부끄러워하지 않는다(4:1, 17, 25). 그 뒤에서는 한층 더해, 아브라함의 아내와 이삭의 아내가 어찌나 매력이 넘쳤는지 다른 남자들이 성관계를 하고 싶어서 안달이 났다고 묘사한다. 또한 롯의 집에 유숙한 이들을 강간하려고 소돔 주민들 모두가 달려들었다(19:4). 아기를 만들어 내는 성관계는 야곱의 두 아내와 두 여종 사이에서 경쟁을 불붙듯이 일으키게 했으며, 결국 이 다섯 명의 공동생활에서 이스라엘의 열두 지파가 나온다(29-30장). 그 사랑의 오각형에서 나온 야곱의 고명딸 디나는 세겜에서 강간을 당한다(34장). 유다의 며느리 다말은 유다를 속여서 자기를 임신하게 하려고 신전 창녀처럼 옷을 입는다. 유다가 양털을 깎으러 가는 길에 신전 창녀에게 들르리라고 다말이 추정했다는 사실이 놀랍다(38장). 그리고 요셉의 경우 그가 잘생겼기 때문에 주인의 아내가 '매일매일' 그에게 성적으로 접근한 듯하다(39:6, 10).

창세기에서 우리는 성에 관한 일 때문에 난처해진다. 창세기는 성과 관련하여 파탄 난 유형을 갖가지로 반복하여 기록하면서도, 성에 대한 어떤 관점을 최소한 암묵적으로도 지지하지 않는다. 그러나 창세기 2장은 성과 관련하여 특정 관점에 대한 강력한 논거인 것처럼 보인다. 그래서 겉으로 보기에 성은 한 남자와 여자 사이에서 하나님을 경외하는 자녀를 출산하는 것을 목적으로 존재한다. 이러한 목적이 없다면 성이 타락하고 만다(아래에서 더 자세히 다룬다). 레위기에서는 수간과 간음, 월경 중인 배우자와의 성관계 등 금지된 성관계의 종류를 수십 가지 열거하면서 이 점을 분명히 한다(레 18장). 그러나 레위기 어디에서도 (성경에서의 다른 곳에서도) 일부일처제이자 남녀 사이의 평생 지속되는 결합으로서 결혼을 명령하거나 규정하지 않는다. 대신 레위기에서는 하나님이 뜻하시고 위임하신 결혼이라는 형태가 나오는 창세기 1-2장이 결혼이 무엇이며 어떠해야 하는지에 대한 그 논거 역할을 한다고 상정하는 듯하다.

흥미롭게도, 성관계는 언제나 모세오경의 명령 아래에 있었으며 부부 사이에서도 그러했다(레 18:19). 아내가 월경을 하는 동안에 갖는 성관계는 불결하다고 여겼고, 고대 사람들이 확신하기에 이때는 성관계를 해도 아이를 가질 수 없는 유일한 때였다. 그 시대에도 혼외 성관계를 통해서 원하지 않는 아이를 낳거나 불안정한 환경에 처한 아이를 낳는 경우가 빈번했다. 그러한 사례를 창세기의 이야기에서 볼 수 있다(예를 들어 이스마엘). 야훼를 경외하지 않는 결혼 관계에서 낳은 아이들은 다른 신들에게 바치는 인신 제물이 될 가능성이 충분히 있었다. 창세기 이후 시대에서도 부모가 어느 신을 섬기느냐 하는 문제가 자녀의 삶에서 중요했다. 몰렉을 섬기는 부모라면 자녀를 인신 제물로 바칠 수도 있었다(왕하 23:10). 유일하게 받아들일 수 있는 결혼 형식은 결혼의 존재 방식이어야 하는, 창세기 1-2장에서 묘사된 중요한 결합뿐이다.

다산(多産)과 관련해서, 동성 성교와 수간에서는 자녀를 낳을 가망이 전혀 없으므로, 따라서 이스라엘에서 실행되어서는 안 되는 성행위였다. 흥미롭게도, 레위기에서는 자기 배우자가 아닌 사람이나 동성인 사람, 동물이나 월경 중인 아내와 관계를 하고픈 성적인 **욕구** 자체는 비난하지 않는다. 다시 말해 창세기나 성경 전반에서는 성욕을 품는다거나 성욕이 불붙도록 부채질하는 일에 대해서는 비난한다(예를 들어 제 7계명과 10계명, 음욕을 품고 여자를 바라보는 것에 대한 예수의 가르침). 누군가 수간에 대한 욕구가 있더라도, 그것을 느끼기를 원하든지 원하지 않든지 간에 그 사람은 이스라엘의 깨끗한 일원으로서 충분히 역할을 다할 수 있었다. 성욕은 벌을 받지 않는다. 그러나 그 성욕을 현실화하여 속으로 생각하든지 아니면 아내 말고 다른 여자와 성관계를 한다면 벌을 받는다.

분명하지는 않더라도 창세기에서 제한하는 성(性)은 서구 세계에서 일어난 성 해방 운동과 참으로 거리가 멀다. 창세기에 나오는 성관계의 목적은 단순한 쾌락이나 친밀함을 느끼기 위한 것이 아니다. 그 목적이 오로지 쾌락이나 친밀함으로만 전락한다면 배우자 사이에서의 성관계라도 모세오경을 거스르는 일이다. 아브라함, 롯의 손님들, 이삭, 디나, 요셉의 사례에서는 성관계의 목적이 권력이나 쾌락을 얻고자 함이었기에 사람들의 생명이 위태로워졌다. 자녀 출산과 결혼 제도, 야훼 경배를 무시하는 성관계는 창세기 1-2장에 나오는 타락으로 간주될 수 있을 뿐이다.

생식을 창세기에서는 시간이 걸리는 과정으로 묘사한다. 달리 언급해 보면, 하나님이 "그 여자의 태를 여신다"는 표현(예를 들어 29:31)은 남편과 아내 사이의 왕성한 성생활을 묘사하는 데 사용되며, 현대 의학 발전에 앞서 '열린' 혹은 '닫힌 태'를 판단하는 일차적인 방식이었다.

불임과 친밀함을 위한 성관계에 대한 질문 역시 이 논의에서 중요한 의미를 지닌다. 분명히 하자면, 나는 '성관계'를 생식과 관련된 성적 행동을 포함하는 전체 행동을 가리키는 뜻으로 쓴다. 모든 성행위가 명확하게 생식만을 목표로 삼아야 한다는 말이 아니라, 어느 관계에서 오랜 시간에 걸친 모든 성행위는 자녀를 낳을 가능성에 대한 관심과 **경외로** 이어져야 한다는 말이다. 어쨌든 남자들은 어디에든 씨를 뿌릴 수 있지만, 생물학적 여성만이 그런 씨에서 인간을 낳을 수 있다. 로마 가톨릭교회는 생식에 대해서는 강경한 태도를 취하지만, 성행위 하나하나가 생식이 목적이어야 한다고 주장하지는 않는다. 로마 가톨릭교회는 피임하는 동안에도 성관계를 허락하는 가족계획 실천을 가르치기까지 한다.[65]

거듭 말하지만, **인류 역사상** 한 남녀의 불임 여부를 판별하는 방법은 하나뿐인데, 불규칙한 월경 주기는 제외하고, 여자가 월경을 하고 있지 않을 때 일정한 간격으로 성교를 하는 것이다. 순전히 실용적인 관점으로 볼 때, 성경 지향적인 성에는 부부가 정상적으로 성생활을 하는 경우에 그러한 부부 관계를 통해 자녀가 생긴다거나 생길 가능성이 있다는 사실에 대한 경외가 나타날 것

---

65 "Natural Family Planning", United States Conference of Catholic Bishops, http://www.usccb.org/issues-and-action/marriage-and-family/natural-family-planning/

이다. 그렇게 하여 성관계가 더 넓은 의미의 가족생활의 한 부분이 되며(즉 아이를 낳을 가능성과 별개로 성생활을 하려는 것은 이러한 의미의 가족생활이 아니다) 쾌락과 친밀이라는 유익도 그중 일부가 된다. 그러나 자녀를 낳을 가능성을 배제한 채 친밀감이나 쾌락을 얻으려는 목적으로만 성관계를 한다면, 어느 정도는 근본적으로 타락한 것으로 보인다.

이제 우리의 행동에 대한 모든 논의를, 또 이 세상에서 우리가 어떠한 부류의 사람이 되어야 하는지를 창세기에 나오는 창조 기사가 지시해 줄 수 있다는 사실을 당연하게 받아들여야 한다. 창조 이야기를 중심으로 구약에서는 모세오경이 이스라엘의 생활을 규정한다. 나중에 예수님과 사도들은 예루살렘에 있는 유대인들이 하나님의 새로운 나라를 부분적으로는 창조 이야기의 회복으로 보도록 가르쳤다.

| 읽 어 볼 글 들 |

윤리학, 악, 정의와 관련하여

- 창세기 6:1-13, 8:20-9:17
- 출애굽기 20-23장
- 레위기 18-19장
- 마태복음 5-7장

성과 관련하여

- 창세기 1-3장(창조의 역할로서의 성행위)
- 창세기 19장
- 사사기 19장(폭력으로서의 성행위와 그 후의 결과 왜곡)
- 레위기 18, 20장(하나님이 심판하실 민족들과 구별되는 성행위)

| 생 각 해 볼 질 문 |

01 창세기 1-11장은 당신의 도덕성에서 어느 영역을 형성했는가? 창세기의 영향을 받고 싶지 않은 삶의 영역은 무엇인가?

_____

_____

02 창세기 1-11장이 건축, 소셜 미디어, 휴대 기기 사용, 최저 임금 등등에 대한 도덕적인 부분과 관련해서는 무엇이라고 말할까?

_____

_____

결론

창세기 1-11장은 이야기 중의 이야기이므로, 오늘날 우리의 모든 이야기에 영향을 미친다. 완전히 좋지만은 않은 세상과 씨름하면서, 우리가 함께 잘 살아가야 한다는 과업을 어떻게 시작해야 할지에 대한 답은 창세기 1-11장에서만 찾을 수 있다. 모세오경과 예언서 전체는 이 창조 기사에, 또 인간의 번영과 생태학, 성과 그 밖에도 많은 사항에 대한 이 기사의 관점에 근거를 둔다. 예수님은 당신의 권위의 근원을 창조에 대한 참된 관점에 두시며, 이 관점이 우리의 생각과 행동을 인도한다(마 19:5; 막 10:6-7, 13:19). 요한복음(요 1:1-18)과 바울 서신(엡 1:10; 골 1:16-17) 모두 예수님의 권위의 근원을 창조주로서의 그분의 역할에 둔다. 그리고 요한계시록은 모든 상황이 정리되고, 에덴의 '생명나무'가 있는 새 예루살렘을 중심으로 하는 새 하늘과 새 땅을 묘사하면서 끝맺는다(계 21-22장).

예수님은 자신보다 앞서 왔던 선지자들과 나중에 왔던 사도들처럼 당신 자신과 사역의 근원을 당신이 왕으로 다스리시는 **바로 이 창조**에 두신다. 어쨌든 '복음'(Good News)이 **좋은** 소식인 이유는 예수님 나라가 궁극적으로 저주를 가장 잘 제거해 주기 때문이다. 내가 완전히는 이해하지 못한 채 상상만 할 수 있을 뿐이지만, 결국에 피조 세계는 그 생명이 하나님 앞에 있으면서 선하고 바른 방향을 향해 있으리라. 하나님의 공동체가 인간의 공동체로 확장되며, 하나님께서 "매우 좋다"라고 말씀하시리라.

추천 도서

✣ 주석

창세기 1-11장을 학문적으로 훌륭하게 다룬 주석으로 다음 책들을 추천한다.

Calvin, John. *Commentaries on the First Book of Moses Called Genesis*. vol. 1. Grand Rapids, MI: Eerdmans, 1948.

Hamilton, Victor. *The Book of Genesis: Chapters 1-17*. New International Commentary on the Old Testament. Grand Rapids, MI: Eerdmans, 1990. 『창세기 1』, 부흥과개혁사, 2016.

Wenham, Gordon. *Genesis 1-15*. Word Biblical Commentary. Waco, TX: Word, 1987. 『창세기 상』, 솔로몬, 2001.

✣ 그 외 자료들

아래에 나오는 책들은 창세기 1-11장만 다루는 것은 아니지만 창조에 뿌리를 둔 기독교 신학의 여러 측면을 다채롭게 탐구한다.

Johnson, Dru. *Scripture's Knowing*. Eugene, OR: Cascade, 2015.
이 책에서 나는 우리가 지식에 대해, 즉 종교 지식, 과학 지식, 그 외에 이해라고 간주하는 모든 사항을 생각하는 방식에서 창조 기사가 얼마나 중요한지를 보여 주고자 한다.

Kass, Leon. *The Beginning of Wisdom: Reading Genesis*. Chicago: University of Chicago Press, 2006.
비록 외부인이 썼지만 통찰력 있는 고찰이 들어 있는 책이다(카스는 의사에서 과학자로, 과학자에서 사회참여 지식인이 된 인물이다).

Parry, Robin. *The Biblical Cosmos*. Eugene, OR: Cascade, 2014.
고대 히브리인들이 우주를 어떻게 생각했는지를 말하면서 하나님이 그들의 이해를 어떻게 사용하셔서 그들을 통해 오늘날 우리와 소통하시는지를 보여 준다.

Unterman, Jeremiah. *Justice for All*. Philadelphia: Jewish Publication Society, 2017.
히브리어 구약 성경만 다루기는 하지만 원터먼은 구약 성경이 어떻게 해서 창조와 안식일과 모세모경에 바탕을 둔 완전히 새로운 윤리 체계를 세상에 제시하는지를 보여 준다.

Wolters, Albert. *Creation Regained*. Grand Rapids, MI: Eerdmans, 2005. 『창조 타락 구속』, IVP, 2017.
월터스는 창조를 모든 생명을 위한 것으로 이해하는 것의 신학적 의의를 탐구한다.

MEMO